O GERENTE DE PROJETOS
INTELIGENTE

LEANDRO VIGNOCHI | CINTIA SCHOENINGER | ANDRÉ VICENTE VOLTOLINI
ROGÉRIO DORNELES SEVERO | THIAGO REGAL

O GERENTE DE PROJETOS
INTELIGENTE

DEPOIMENTOS DE QUEM SABE FAZER PROJETOS

Copyright© 2017 por Brasport Livros e Multimídia Ltda.

Todos os direitos reservados. Nenhuma parte deste livro poderá ser reproduzida, sob qualquer meio, especialmente em fotocópia (xerox), sem a permissão, por escrito, da Editora.

Editor: Sergio Martins de Oliveira
Diretora: Rosa Maria Oliveira de Queiroz
Gerente de Produção Editorial: Marina dos Anjos Martins de Oliveira
Revisão: Maria Helena A. M. Oliveira
Editoração Eletrônica: Abreu's System
Capa: Trama Criações

Técnica e muita atenção foram empregadas na produção deste livro. Porém, erros de digitação e/ ou impressão podem ocorrer. Qualquer dúvida, inclusive de conceito, solicitamos enviar mensagem para **editorial@brasport.com.br**, para que nossa equipe, juntamente com o autor, possa esclarecer. A Brasport e o(s) autor(es) não assumem qualquer responsabilidade por eventuais danos ou perdas a pessoas ou bens, originados do uso deste livro.

G367
    O Gerente de Projetos Inteligente: depoimentos de quem sabe fazer projetos / Leandro Vignochi... [et al.]. – Rio de Janeiro: Brasport, 2017.

    ISBN: 978-85-7452-837-3

    1. Gerenciamento de Projetos 2. I. Schoeninger, Cintia II. Voltolini, André Vicente III. Severo, Rogério Dorneles IV. Regal, Thiago V. Título.

    CDD: 658.404

Ficha Catalográfica elaborada por bibliotecário – CRB7 6355

BRASPORT Livros e Multimídia Ltda.
Rua Pardal Mallet, 23 – Tijuca
20270-280 Rio de Janeiro-RJ
Tels. Fax: (21)2568.1415/2568.1507
e-mails: marketing@brasport.com.br
        vendas@brasport.com.br
        editorial@brasport.com.br
www.brasport.com.br

Filial SP
Av. Paulista, 807 – conj. 915
São Paulo-SP

Agradecimentos

Agradeço às pessoas que acreditam em mim e me apoiam, em especial à minha esposa Rosane e à minha filha Nicole, aos alunos que me inspiram, aos empresários que investiram e me deram oportunidade de mostrar meu trabalho, aos amigos que me acolhem, a todos que me desafiam e me incentivam de forma positiva e ética, e aos que me criticam como proposta de melhoria. Ao meu pai Arlindo e à minha mãe Lourdes, que plantaram em minha alma a perseverança e o comprometimento.

Agradeço também aos que não acreditam nas minhas escolhas e as criticam por opção, pois são fornecedores de uma energia poderosa, que me faz ir em frente e romper barreiras.

LEANDRO VIGNOCHI

Agradeço às mulheres da minha vida, minha esposa Maria Luiza, minhas filhas Joane e Isadora e minha mãe Armandina, pela paciência, persistência, organização e amor que elas dedicam a mim em todas as horas. Agradeço às pessoas que me ajudam a ser quem eu sou, a Deus, a meu pai Evódio (*in memoriam*), aos meus avós (*in memoriam*), aos meus irmãos e tios.

Aos amigos que conquistei nesses anos, aos meus sócios e colaboradores da Technique, que me dão a oportunidade de levar o que aprendemos e aquilo em que acreditamos para melhorarmos e impactarmos projetos, obras e negócios. Agradeço também aos empresários que abrem suas empresas e nos dão oportunidades de produzirmos nosso melhor.

Finalizando, muito obrigado ao Leandro, por nos conduzir nessa jornada, desde a ideia inicial do livro até esse momento. Nós dois nos conhecemos no entorno de uma causa que tem me brindado com a possibilidade de fazer novos e fantásticos amigos aqui, no Brasil e no mundo.

Obrigado a todos vocês.

ROGÉRIO SEVERO

Agradeço à minha família, em especial minha mãe Nadia Schoeninger e meu pai Ernani Schoeninger, irmão, tios e primos, que tanto penalizei com minhas ausências para estar presente nas atividades voluntárias do PMI-RS. Agradeço aos meus colegas do PMI-RS a oportunidade de aprender com vocês.

Meus agradecimentos à ExitusGP, que me deu experiência em projetos de outras áreas que não apenas softwares.

Meu muito obrigada aos amigos André Vicente Voltolini, Rogério Dorneles Severo e Thiago Regal – e, em especial ao gerente de projetos deste livro, Leandro Vignochi.

CINTIA SCHOENINGER

Agradeço aos meus amigos que compartilharam a tarefa de escrever este livro, de forma especial ao Leandro, o grande "motor" que fez com que este projeto andasse conforme o planejado. Agradeço também à minha esposa Camilla, pelo constante apoio e força, e às centenas de grandes pessoas que conheci no PMI e que fazem parte dessa grande aventura que é desenvolver o gerenciamento de projetos e fazer com que a nossa sociedade utilize essas práticas pelo bem de todos nós.

THIAGO REGAL

Agradeço especialmente à minha esposa Daniela e filha Isabela, pela compreensão nos momentos de ausência quando estive envolvido principalmente nas atividades voluntárias pelo PMI, que tanto me auxiliaram em meu desenvolvimento profissional, pessoal e como voluntário desse grandioso instituto que tanto admiro. Agradeço também aos meus sócios da TOTVS RS, por compreenderem a minha ausência durante essas atividades. Finalmente, agradeço ao meu pai Pedro e à minha mãe Marlene, pelo carinho, educação, amor e valores que me ensinaram, mesmo nos longos anos que moramos em cidades distantes. A todos vocês, o meu muito obrigado e a mais profunda admiração.

ANDRÉ VOLTOLINI

Sobre os Autores

Leandro Vignochi

Graduado em Administração de Empresas com habilitação em Análise de Sistemas pela Faculdade da Serra Gaúcha. MBA em Gestão Estratégica de Projetos, MBA em Gestão Integrada da Comunicação Corporativa e Pessoal, ambos na faculdade da Serra Gaúcha.

É certificado PMP (*Project Management Professional*), PRINCE2® *Foundation* e Vice-Presidente de expansão e *branches* do PMI-RS até 2016. Possui capacitação no Programa *Lean Manufacturing* (Produção Enxuta), na escola Biticino – México, e como Gerente de Projetos do Planejamento Estratégico da Unidade Industrial Cemar Legrand 2006-2009. Atuou como professor das disciplinas de Comunicação, Riscos, Integração, Escopo, RH e Tempo nas pós-graduações das seguintes instituições de ensino: IPOG, Senac, FISUL, Unisinos, UCS, PUC e Unilassale.

Diretor da Exitus Gestão de Projetos e Processos.

Possui experiência em gerenciamento de projetos, atuando principalmente em ambiente de múltiplos projetos nas organizações, com desenvolvimento de projetos de melhoria de produção, lançamento de produtos, máquinas e equipamentos especiais, layout industrial, processos de estruturação fabril, layout estratégico, estruturação comercial, estruturação financeira e programas de redução de desperdícios.

Rogério Dorneles Severo, PMP, CRK

Engenheiro Civil (1994 – UFRGS), especialista em Saneamento e Engenharia Ambiental (2001 – PUC-RS), certificado PMP® (2009, PMI®) e certificado Notório Saber em Engenharia de Custos CRK® (2015 ICEC®/IBEC-RJ®). Desde o início da carreira na engenharia, trabalhou em diversas obras e contratos de construção e montagens, obras terrestres e aquáticas, licenciamentos, travessias especiais e intervenção na cidade.

Fundou a Technique em 1997. De lá para cá, tem trabalhado para desenvolver boas práticas de gerenciamento de contratos, gestão de projetos e *lean construction*, além de trabalhos técnicos de engenharia de custos, orçamentos, coordenação de projetistas e planejamentos para diversos segmentos do mercado.

Associado e voluntário há mais de dez anos do PMI®, participa do grupo de Empresas Consultoras do PMI® (RCP AG), do Conselho Consultivo no PMI-RS, do grupo que fez a Revisão da Norma *Construction Extension of PMBOK®*, além de realizar inúmeras atividades voluntárias no *chapter* PMI-RS e na integração nacional dos capítulos brasileiros.

Desenvolve também atividades como instrutor de cursos de Engenharia e Gestão no SENGE e como professor convidado de cursos de MBA de Gerenciamento de Projetos na UFRGS, Unisinos, IBGEN e FSG.

Cintia Schoeninger

Mestre em Ciência da Computação desde 2003 pela Universidade Federal de Santa Catarina (UFSC) na área de Inteligência Artificial. Possui especialização em Gestão do Conhecimento & Inteligência Estratégica pela Universidade de Caxias do Sul (UCS) desde 2007.

Atuou como desenvolvedora de software e, posteriormente, como Analista de Sistemas, realizando levantamento de requisitos de negócio, funcionais e não funcionais, desenvolvendo diagramas UML e utilizando métodos de estimativa UCP. Exerceu o cargo de Gestora de *Release* e SQA. Atuou em projetos de melhoria da qualidade de software com conhecimento nos *frameworks PMBOK® Guide*/PMI, MPS.BR e ITIL®.

Gerenciou projetos de seleção e implantação de softwares ERP, projetos de estruturação de processos, transferência de fábrica e desenvolvimento de nova fábrica, projetos de melhorias de processos, redução de desperdícios, projeto de desenvolvimento de produto para *startups*, projetos de desenvolvimento de metodologias e ferramentas de desenvolvimento de software, entre outros.

Atualmente é professora da Faculdade CNEC Farroupilha-RS, sócia de uma *startup* e Gerente de Projetos pela ExitusGP.

Thiago Regal, MSc, PfMP, PMP

É engenheiro eletricista formado pela UFRGS, com mestrado em engenharia pela mesma universidade e com parte dos estudos feitos na Westfälische Wilhelms-Universität Münster, na Alemanha. Possui experiência no gerenciamento de portfólios, programas e projetos complexos, tendo trabalhado com grandes empresas como Dell, Petrobras, Odebrecht, Usina de Belo Monte – Norte Energia, RG Estaleiros, entre outros. É o atual presidente do PMI-RS entre 2015 e 2016, que recebeu os prêmios *PMI Chapter of the Year 2015 (Category II) Award* e o *Chapter Innovation Program Award*. Foi um dos primeiros profissionais do mundo a receber a certificação internacional PfMP® (*Portfolio Management Professional*), do PMI, e ajudou a criar a primeira versão dessa certificação. Thiago atualmente é membro do PfMP® *panel review* – um grupo internacional de especialistas que avalia candidatos a essa certificação em todo o mundo. Ele atua como consultor em gerenciamento de projetos organizacionais (<www.regalconsulting.com.br>), com grande expertise em ferramentas de implementação de estratégias, escritórios de projeto (PMO), gerenciamento de portfólio, gerenciamento de riscos, treinamentos e outras áreas relacionadas. É professor de pós-graduação em gerenciamento de projetos e estudante de doutorado. Em 2015, graduou-se no *PMI Leadership Institute Master Class*, um programa de desenvolvimento de líderes que envolve líderes voluntários de várias partes do mundo. É palestrante e divulgador do gerenciamento de projetos e dos resultados que ele pode trazer para diferentes áreas de negócio.

André Vicente Voltolini

Graduado em Processamento de Dados pela Universidade do Vale do Rio dos Sinos (Unisinos) em 1989 e *PMI Master Class* de 2013 – Programa Internacional de Liderança realizado nos EUA e no Canadá. Profissional da área de Tecnologia da Informação desde 1987, atuando em empresas como Fras-le e DZ-Set na função de programador, analista de sistemas e consultor. Passou a atuar, a partir de 1998, na gestão de projetos e programas, e na gestão de canais de distribuição de vendas e serviços, na área de tecnologia da informação e comunicações no RS, em empresas como Datasul e TOTVS, nas funções de Gerente de Projetos, Gerente de Programas, Diretor de Serviços, Diretor de Operações e Gerente de Relacionamento com Clientes. Atualmente gerencia executivos de vendas de soluções e serviços relacionados à *supply chain*. É sócio da TOTVS RS S.A., franquia exclusiva da TOTVS S.A. para o estado do Rio Grande do Sul, atuando na captação e gestão de relacionamento com clientes, gerindo uma carteira de mais de duzentos clientes dos segmentos de agronegócio, logística e manufatura. Gerencia diversos programas de atendimento, relacionamento, retenção, satisfação de clientes e gestão de "leads" e clientes *premium* da empresa. Na TOTVS, foi reconhecido e premiado como "Melhor Gestor Comercial da TOTVS no Brasil do 3º Trimestre de 2013" e "Melhor Gestor Comercial da TOTVS no Brasil do ano de 2014". Atua como voluntário no PMI-RS desde 2005, tendo atuado como Presidente Ex-Ofício (*Immediate Past President*) e Vice-Presidente de Marketing e Relações Institucionais (2015/2016), Presidente (2013/2014), Diretor de Interiorização (2009/2010 e 2011/2012), responsável pela estruturação da filial do PMI-RS na Serra Gaúcha (primeira filial oficial de um capítulo no Brasil), Diretor de Interiorização Adjunto (2007/2008) e Gerente do Programa de Interiorização do PMI-RS na Serra Gaúcha (2005/2006). Além do trabalho voluntário no PMI-RS, é membro do Conselho Fiscal do Clube Recreio da Juventude (2016/2017) (um dos dez maiores clubes do Brasil), foi membro fundador do Trino Polo de Caxias do Sul, APL de fomento de atividades de TI, atuando como Coordenador do Grupo de Qualidade de Software, responsável pela elaboração e execução de projetos de implementação do modelo de qualidade MPS-Br em empresas regionais de TI de pequeno porte, sendo também um dos responsáveis pelo projeto de implementação do Trino Polo como um Agente Softex. Atuou de 2003 a 2013 como Supervisor da Pastoral do Pão, um programa de amparo aos Necessitados (LEFAN), para fornecer alimentos e suprimentos a famílias em situação de extrema carência.

Apresentação

O gerenciamento de projetos possui uma lógica clara sobre como seguir as etapas que primam pelo planejamento, independentemente do método utilizado. Porém, comportamentos são regidos por valores. Então, por mais que as boas práticas de gerenciamento de projetos sejam lógicas e incontestáveis, existe o fator humano, que, ao contrário do pensamento dos negativistas, deve ser entendido e abraçado como uma oportunidade prazerosa e fundamental para o desenvolvimento do indivíduo.

Baseados nessa percepção, cinco amigos se reuniram com o propósito de apresentar experiências profissionais reais, distribuídas em 60 "crônicas de projetos", as quais expressam as reflexões de profissionais que "fazem projetos" no seu dia a dia.

As histórias propõem uma leitura leve e segmentada, obedecendo à sequência de tópicos.

Todos os autores desta obra são profissionais que atuam com gerenciamento de projetos há um longo período.

As narrativas buscam muito mais do que relatar experiências profissionais de pessoas distintas, tanto em personalidade como em sua área de atuação; elas têm a proposta de compartilhar experiências que provavelmente o leitor viveu, vive ou viverá em escala maior ou menor.

É importante destacar que, mesmo não apresentando conotação técnica, própria das leituras de gerenciamento de projetos, este livro tem o objetivo de trazer à luz fatos que geraram reflexões, posicionamentos e mudanças de atitude dos autores, e, por consequência, humildemente apresentar, por meio dos textos, sua opinião e posicionamento de forma direta, sempre com o intuito de oferecer ao leitor reflexões e possibilidades para as tomadas de decisão perante seus projetos e atividades rotineiras.

Portanto, não temos a pretensão de sermos proprietários da verdade, tampouco impor regras ou receitas que tragam a solução num passe de mágica. Queremos, sim, apresentar experiências vividas com um toque de orientação, tanto de nossos acertos como de nossos erros.

Caro leitor, o tempo de trabalho de cada um dos autores soma mais de cinco décadas de gerenciamento de projetos. Ter a oportunidade de transmitir, através da leitura, um pouco dessa vivência proporciona uma gratidão imensurável.

Muito obrigado e boa leitura!

Sumário

Para Começar 1

    O início 3

    O primeiro passo 5

Sobre Projetos 7

    Tipos de envolvidos nos projetos 9

    Pensar projetos 11

    Melhor saber 13

    A oportunidade 15

    O chinês e a EAP 17

    Tribo do resultado 19

    O vilão tempo 21

    Gestão do tempo 23

    O dia E – "E" de embarque 25

    Piloto de MS-Project 27

    O projeto ágil 29

    A fórmula do sucesso em um projeto 30

    Pensar e planejar para fazer mais e melhor! 31

Sobre Pessoas 33

    "O cara" 35

    Otimismo: o lado cheio do copo 37

    Resiliência, até que ponto? 39

    Autocontrole 41

    A técnica e o líder 43

    Eu acredito 46

    Quem é competente em gerenciamento de projetos: o gerente ou
a organização? 48

    Planejamento 49

Não tenho tempo para planejar 51

O jeitinho brasileiro de não resolver as coisas 53

Liderança 55

Inteligência emocional 57

Preste atenção nas pessoas e use o melhor delas 59

Os "especialistas" em gerenciamento de projetos 61

Aceitar desafios vale um MBA? 63

Um gerente de projetos certificado é mais competente do que outro
sem certificação? 65

A culpa é sempre do "outro" 66

Pensar é uma forma de agir 68

Estratégias, Processos e Gestão 71

Preparação é tudo 73

Processos contínuos e atividades pontuais 75

Fatores ambientais 77

O planejamento estratégico 79

Negócios, estratégia e longevidade 81

O peso da nota fiscal sobre a mesa e a "leveza" dos gastos recorrentes... 83

O que as metodologias e a sopa de letrinhas fazem pela sua carreira... 85

Por que é tão difícil inovar 87

Eu acredito nos elos: estratégia, gestão de projetos e processos 89

Sobre Tecnologia da Informação 91

TI-Lândia (I) 93

TI-Lândia (II) 97

Sobre Voluntariado 99

Comprometimento x voluntariado 101

O poder do voluntariado 103

Sobre Lições Aprendidas 105

Lições aprendidas dos projetos 107

Equilíbrio x alta performance 109

Sobre Comunicação 111

O *feedback* 113

O poder da boa comunicação 115

Simplicidade 117

Dando notícias tristes 119

Eficácia na comunicação 121

Falando em público 123

Produtividade em reuniões 125

O LADO COMERCIAL 129

O gestor comercial neófito 131

Demita o seu cliente 133

NOSSOS CONVIDADOS 135

Os elementos fundamentais da comunicação em projetos – use a favor
e não contra 137

Gestão de riscos e o poder das partes interessadas 139

Como lidar com partes interessadas de alto poder e influência 142

PARA COMEÇAR

PARA COMEÇAR

O início

Leandro Vignochi

Eram 10:25 da manhã do dia 07 de setembro de 2016, e talvez eu devesse estar marchando ou apreciando o tradicional desfile cívico, mas depois de uma madrugada de trabalho optei por tomar um banho demorado. O problema é que não conseguia me acalmar, pois ainda estava pensando nas entregas do projeto, que me fizeram atravessar a noite. E nem estava sendo pago por isso, porque se tratava de um trabalho voluntário. Mas tudo bem! Compromisso é compromisso. Coisa de gente que quer se meter em projetos.

Enfim, as coisas estavam como sempre: dor de cabeça matinal e noite mal dormida.

Entre a água quente e o xampu, me perguntei há quanto tempo eu não tinha um boa noite de sono. Sabe aqueles momentos de *brainstorming* com Deus? Não sei se foi coincidência ou se realmente Ele me enviou um sinal, pois de imediato tive uma reflexão.

Mentalizei o passado e entendi que a ausência de sono havia se intensificado depois que me envolvi com gerenciamento de projetos.

Arrependimento? Nenhum! Até porque aprendi em 11 anos o que não aprenderia em muitos mais, além do fato de ter conhecido boas pessoas que hoje são amigos. Por esse motivo, resolvi ligar para esses amigos e lançar um desafio: escrever histórias de gerenciamento de projetos em forma de crônicas.

O que eu poderia esperar? São meus amigos e gerentes de projetos! Aí veio o básico: a análise de riscos, os questionamentos e as intervenções, antes de entenderem o projeto... normal!

Nada é tão simples, mas, por incrível que pareça, o primeiro a aderir à ideia é um excelente executivo de vendas; a segunda é uma parceira de trabalho que está comigo há alguns anos; na sequência mais dois amigos, após criticar, pensar e analisar.

A primeira conclusão de todo esse enredo é a antiga história dos projetos: quem se mete nesse negócio são os que têm coragem e conhecimento para desafios únicos e exclusivos. A segunda conclusão trata de seguir outro velho conceito em gerenciamento de projetos: "lições aprendidas" – do pior jeito, no meu caso, baseado nos erros e loucuras que fazem com que eu não durma bem e necessite de dois lindos e recorrentes comprimidos, um para acalmar e outro para dormir.

Cinco nomes estão na capa deste livro. Eles sabem de algumas das minhas loucuras e histórias! Eu também sei algumas deles. Mais uma lição que não está nas literaturas técnicas de projetos: verdade e confiança não são métodos ou processos, são opções!

Então eu não posso mentir e não vou deixá-los mentir.

Veja que alegria! Começar um projeto comprometido com a verdade e prometendo uma entrega que pode ser executada! Simples! Por que o mundo não é assim?

A resposta também é muito simples: porque o mundo é o que a gente faz dele.

O primeiro passo

Rogério Dorneles Severo

Lembro como se fosse hoje do dia em que pensei pela primeira vez em abrir uma empresa. Na época eu mantinha anotações, ideias e contas para:

- definir que valor eu precisava para abrir um negócio;
- o que fazer para ter um negócio inovador;
- e qual o produto que eu ia oferecer.

Eu tive a felicidade de ler uma reportagem inspiradora de um engenheiro comentando como a sua empresa em São Paulo conseguia atuar no apoio de orçamentos e licitações a construtoras que eram desse mercado. Eu tinha dúvidas se alguma empresa pagaria por esse serviço, por um trabalho técnico complementar de custos e orçamento (hoje podemos dizer de planejamento). Isso porque empresas na engenharia normalmente subcontratam arquitetos, calculistas e consultores para implantar setores de qualidade da ISO 9000 ou então para instalarem algum software de finanças ou de contabilidade. Esse era o mercado naquela época.

Passei dois anos fazendo contas, sonhando, pensando nomes de empresas que pudessem me inspirar e causar impacto no mercado. E em um livro dos anos 80 achei a palavra: "technique". Achei que isso completava bem o que eu precisava, apesar de levar ainda algum tempo para tomar coragem de fazer a empresa sair do papel. Isso foi acontecer somente em 1997, e tenho certeza de que minha decisão foi acertada. Pude, a partir daí, identificar um novo campo de trabalho na minha área e principalmente sair do dia a dia de obras como engenheiro residente. Mas outras obrigações vieram junto com essa decisão, como, por exemplo, ter que pagar contas, estudar e entender de impostos, buscar um endereço, alugar uma sala, virar muitas madrugadas para cumprir prazos, pensar em como vender os trabalhos, pensar em como fazer planejamento financeiro de longo prazo, trocar experiências e buscar *feedback*, ir a bancos e cartórios, conversar com contadores para "tentar" entender a dureza e toda a dificuldade de ser empresário no nosso país, contratar pessoas e depois aprender a demiti--las quando os projetos acabam ou quando uma crise faz com que seus clientes atrasem pagamentos, além de lidar com clientes que cancelam trabalhos quando você já os finalizou. Enfim, uma gama de novas ações, planos, pessoas e caminhos inimagináveis quando decidi dar esse passo.

Dar os primeiros passos sempre será difícil para quem quer empreender. Se você acha que chegou a sua hora, parabéns!

Mas se você acredita que ainda precisa de mais tempo, segurança, dinheiro, apoio, mercado favorável, tenho que lhe dizer que a hora de fazer o seu futuro a partir de um início é agora. Se você esperar o melhor momento, pode ser que ele não chegue nunca. Então inicie hoje! Vá em frente e faça o seu caminho e sua história!

SOBRE PROJETOS

Tipos de envolvidos nos projetos

Leandro Vignochi

Se eu tivesse que categorizar de forma simples os envolvidos nos projetos, consideraria quatro modelos: os positivamente envolvidos, os negativamente envolvidos, os indecisos e os dissimulados.

Três são administráveis e até contribuem para o projeto:

- Os positivamente envolvidos já estão ansiosos por participar, então basta inseri-los no projeto, em atividades, análises, discussões e tratá-los com respeito e franqueza.
- Os negativamente envolvidos são ótimos para criticar o seu projeto e alertar sobre as possíveis falhas, desde que esteja presente a ética profissional.
- Os indecisos (também conhecidos como "em cima do muro"), declinarão para o lado positivo ou negativo, é só uma questão de tempo. Mas não imagine que será uma atitude natural. Ela dependerá muito mais da qualidade do gerenciamento do seu projeto, que será exposta através da análise dos indicadores do indeciso.

Não subestime o indeciso! Ele utilizará a falta de informação e a vitimização para "enrolar" você no projeto. Um indeciso bem articulado pode se aposentar na empresa utilizando as frases: "não necessariamente"; "estou esperando"; "é relativo". Somente com um gerenciamento de projetos estruturado você elimina esses devaneios.

Ainda falta o quarto envolvido: o dissimulado! Para ilustrar esse tipo tão cheio de variáveis, contarei a história de um projeto de redução de desperdícios que unia o gerenciamento de projetos e a diminuição das atividades que não agregavam valor ao processo produtivo.

Nas primeiras quatro reuniões de apresentação de indicadores para os patrocinadores, o dissimulado sempre aguardava o momento ideal para lançar uma pergunta ou expressar uma dúvida que há semanas guardava somente para si, mas que só lançava durante as reuniões.

Existe a expressão "carta na manga", mas esse envolvido tinha um baralho inteiro na manga. Podia parecer (nos primeiros encontros) que a preocupação era com o projeto; contudo, na verdade, era uma estratégia dissimulada de autoproteção, pois o produto do projeto iria tirá-lo da zona de conforto instituída há anos.

O que fazer, como gerente de projetos? A solução mágica foi a exposição. Em vez de excluí-lo com um sentimento de repulsa, envolvi-o e solicitei a sua participação em todas as análises de risco do projeto. Transformei o questionador em fornecedor de soluções e fiz com que ele apresentasse uma boa parte do desempenho do projeto para os patrocinadores. Por segurança, todas as reuniões com essa pessoa passaram a ser registradas em ata, por mais simples que fossem, e, preferencialmente, na presença de mais de dois participantes, sendo que um deles deveria estar acima dele na hierarquia da empresa. Houve períodos em que a gestão do indivíduo era mais complexa que o gerenciamento do projeto, dada a quantidade de indicadores gerados para monitorar o envolvimento, como, por exemplo, a presença em reuniões, os atrasos, o percentual do desenvolvimento do trabalho em estágios. Certamente o dissimulado não me considera o seu melhor amigo nas redes sociais, mas uma coisa eu garanto para você: o projeto foi um sucesso!

A empresa está lá, com menos desperdícios e gerando emprego. Sempre que vamos visitá-la, somos bem recebidos pela direção. Portas abertas!

Pensar projetos

Leandro Vignochi

Quando entendi o que era um projeto e que existiam práticas e métodos para fazer com que ele "não desse errado", já era tarde para salvar o projeto que provavelmente estava colocando meu emprego em jogo. Estou falando de 2005, quando atuava como projetista de máquinas em uma indústria do ramo metal mecânico. Estava cursando a faculdade de Administração e uma grande novidade surgiu no currículo: o tal de gerenciamento de projetos. Após cursar a disciplina, entendi que existia uma maneira de fazer as coisas corretamente.

A compreensão e a certeza da existência de uma estrutura de pensamento lógico proporcionaram-me uma mistura de emoção e tristeza. Emoção porque encontrei uma luz no fim do túnel e tristeza porque, sabendo dos meus erros na gestão do projeto, eu mesmo me demitiria.

Notícias da máquina que projetei? Está funcionando até hoje, porém o custo da construção e os prazos foram um desastre. Até a qualidade, no que diz respeito aos requisitos que deveriam ser atendidos, ficou média-alta, mas está longe dos 100%.

De fato, o projeto foi um fracasso. Gentilmente, o diretor da empresa, pessoa que admiro até hoje, chamou-me para uma conversa.

Pensei comigo mesmo: "se ele me demitir, eu me livrarei do projeto. Se ele me tirar do projeto, também me livrarei". Tudo era alegria!

Bem, sempre me considerei um profissional com uma pequena dose de loucura, mas não de burrice. Então resolvi fazer um documento levemente parecido com um plano de projeto. Nesse documento estavam os meus erros por falta de análise de riscos, as estimativas erradas de prazo, as aquisições e os custos, as fases do projeto que eu deveria ter seguido e não planejei... e assim por diante!

O diretor olhou-me e disse:

— Bonito né, Leandro? Meu dinheiro!

Pensei: "estou na rua!". E já comecei a elaborar mentalmente o meu currículo. Então veio a surpresa. Com palavras simples, porém sábias, ele disse:

— Como tu erraste muito neste projeto, eu vou te dar outro semelhante para fazer.

Essa foi a primeira e mais duradoura lição que recebi de alguém que jamais tinha ouvido falar de *PMBOK® Guide*, PRINCE2®, métodos ágeis, FEL ou qualquer outro segmento de gerenciamento de projetos. Ele me ensinou a aprender com o erro e não o repetir. Claro que seria melhor se a situação fosse resultado dos erros dos outros, mas eles foram únicos e exclusivamente meus. Que dor!

Passados alguns anos, presenciei um fato marcante no esporte brasileiro, ao qual entendo que deveria ter sido aplicada a mesma lógica. Antes, porém, quero deixar claro que não tenho apreço por futebol, não tenho time e nem mesmo assisto a jogos, mas preservo a torcida por qualquer esporte que representa o país. Então o relato a seguir está isento de paixão por time A ou B ou qualquer preferência com atleta X ou Y. Estou isento da análise por emoção.

Estava assistindo aos jogos da Copa do Mundo de 2014 e vi o técnico brasileiro Felipe Scolari ser massacrado e demitido devido aos 7 a 1 tomados no jogo contra a Alemanha. Indaguei-me: desligaram o técnico? Vão perder todas as lições aprendidas com os erros? Será que estou equivocado em pensar dessa forma?

Minha reflexão comprovou-se com a vitória da Alemanha, campeã da Copa do Mundo de 2014 sob o comando de um técnico que ainda estava lá depois de duas derrotas em eventos de visibilidade mundial.

Quanto ao diretor que me deu aquela oportunidade, dizem que vendeu sua empresa para um grupo multinacional por 130 milhões de reais. Digamos que eu esteja 50% errado, mas 65 milhões de reais já resolveriam alguma coisa, certo? Ele podia não ter a base técnica, mas possuía a habilidade de "pensar projetos" como um bom gerente de projetos, mesmo sem saber que o era.

Melhor saber

Thiago Regal

Uma grande instituição pública (mas poderia ser privada, a moral da história é igual) estava desenvolvendo um sistema de ERP próprio. Esse projeto já havia consumido uma quantidade enorme de recursos, da ordem de dezenas de vezes o custo de uma ferramenta de mercado. Também tinha consumido um tempo considerável da instituição. Mas o maior problema era que ninguém sabia quanto tempo e quanto dinheiro eram necessários para terminar de vez o sistema.

Esse era apenas um dos problemas, por isso propus a velha solução de resolver as coisas por partes. Como tampouco havia uma metodologia consistente de gestão de projetos, sugeri criarmos uma que fosse a mais simples possível e que priorizasse os problemas mais críticos. Assim, poderíamos começar de forma mais rápida e facilitar a adoção de ferramentas e práticas de gerenciamento de projetos. E, é claro, faríamos a implantação dessas boas práticas.

Tudo correu bem, o projeto estava andando a contento e, como previsto, foi iniciada a etapa piloto. Nessa etapa, seria escolhido um projeto (àquela altura, o antigo projeto já tinha sido organizado como programa, com vários projetos) para ser inserido na nova metodologia. Além da formalização do projeto, entre os principais artefatos gerados estavam duas coisas que o projeto anterior nunca havia tido: cronograma e orçamento.

Pois bem, iniciamos todas as tarefas como previsto e, utilizando ferramentas simples, mas consistentes, elaboramos o primeiro cronograma e o primeiro orçamento de um projeto na instituição. O nosso cronograma previa um tempo de conclusão daquele projeto em nove meses adicionais, lembrando que este era um projeto já em execução. Esse tempo estava "em linha" com o que a equipe técnica, que possuía uma boa experiência no assunto, esperava. Fomos então apresentar o orçamento: R$ 1,7 milhão. O gestor geral da área, ao ver aquele número, empalideceu. Depois ficou vermelho. E pálido de novo.

Foi quando ele "explodiu", gritando impropérios para todos os presentes, perguntando se estavam loucos em querer gastar aquela montanha de dinheiro em um projeto cujo escopo nem era tão importante assim. Se os presentes achavam que a instituição estava nadando em dinheiro para gastar tanto, etc. etc. Ao final de alguns minutos de um discurso que misturou a necessidade de diminuição de gastos com desabafos por ninguém o ajudar nessa tarefa, ele finalmente silenciou. Foi quando eu respondi a ele: esse dinheiro já está sendo gasto. Como o dinheiro investido em muitos outros projetos nos quais nem começamos a trabalhar. Existe apenas uma grande diferença: agora você e todos nós sabemos quanto é!

Uma das principais vantagens de utilizar as práticas de gerenciamento de projetos é a geração de informação confiável, com a qual é possível tomar decisões mais acertadas. Quantas empresas existem nessa situação?

A oportunidade

Thiago Regal

Alguns diriam que era um projeto "infernal". De fato, o sistema que estávamos projetando era muito interessante, utilizava técnicas inovadoras que iriam ajudar o cliente a vender mais e a se adaptar melhor ao mercado. Sempre que houvesse alguma mudança da regra do negócio, como impostos diferentes, um novo processo de venda ou uma nova linha de produtos, a necessidade de alteração nos sistemas administrativos seria mínima. Isso graças a uma tecnologia superinteressante que utilizávamos. Enfim, essa era a parte legal. Só havia um problema: o cliente.

Eu, que naquela época da minha carreira nem sabia o que era gerenciamento de projetos, estava incomodado com a situação. Como o cliente podia ficar mudando tanto de ideia? Toda hora vinha um requisito novo. Ele queria que entregássemos mais, mas na prática não entregávamos nada, por causa das mudanças. O prazo era "flutuante", definido ao gosto de quem desse o palpite com mais ênfase. Trabalhávamos muito, o cliente gastava muito e recebia muito pouca coisa de volta. Enfim, uma bagunça.

Toda essa situação me incomodava muito. Apesar de não conhecer o assunto, eu sentia que havia algo de muito errado com aquele projeto e costumava procurar o meu chefe para falar sobre isso. Reclamava da situação. Dizia que tínhamos que descobrir uma forma melhor, menos "dolorida", de entregar valor e lidar com as mudanças do projeto. Até que um dia, ao chegar para trabalhar, havia um recado. O chefe queria fazer uma reunião comigo. Pensei que minha cabeça ia rolar. Afinal, reclamava tanto do projeto...

Ao entrar na sala, a cara séria do chefe não dissipou os meus temores. Ele pediu para eu sentar e, quando eu esperava o anúncio da demissão, ele falou:

— Thiago, tenho um convite para te fazer. Você quer ser o gerente do projeto?

Minha mente demorou alguns instantes para processar as palavras que não eram as que eu estava esperando. Após entender o que elas significavam, fiquei atordoado. Como disse, não sabia o que era gerenciamento de projetos, mas o convite para ser gerente de projetos soa muito bem! Depois daqueles instantes iniciais, rapidamente aceitei o convite, sem titubear.

Foi quando o meu chefe detalhou como tudo funcionaria. Eu teria que achar formas de melhorar o projeto, fazendo com que o cliente recebesse entregas que agregassem valor ao seu negócio, organizando as demandas e ajudando a equipe a produzir de forma mais eficiente. Coisa simples. E o meu novo "cargo" ainda não seria anunciado para a equipe. Segundo o chefe, a minha "liderança natural" deveria ser percebida pelos demais, e não imposta. E, claro, eu teria que continuar fazendo as minhas atividades técnicas, em conjunto com a gestão do projeto, por pelo menos mais seis meses. Salário? Claro que permaneceria o mesmo. Diante de todas essas condições, minha resposta foi firme: "muito obrigado, chefe, eu aceito!".

Os meses seguintes foram os piores da minha vida profissional. Dificuldades, conflitos, eu me sentia literalmente jogado ao mar, com tubarões me cercando. Mas fiz o meu trabalho. Ao fim, o resultado foi muito positivo, apesar de todo o sofrimento. E esse foi o início de uma nova carreira. Até hoje lembro com carinho deste chefe que me jogou aos tubarões. Poderia ter sido diferente? Claro! Mas o que ele me ofereceu não foi uma facilidade. Foi uma oportunidade! E até hoje eu entendo que oportunidades são uma das melhores coisas que podem ser oferecidas a alguém. Aliás, oportunidades de crescimento e aprendizado são um dos resultados mais importantes de um projeto. Não apenas de cargos ou aumentos de salário, mas de aprendizado pessoal e profissional, de conhecimento e crescimento. Você procura fazer do seu projeto uma fonte de oportunidades?

O chinês e a EAP

Thiago Regal

Na época em que essa história se passou, eu trabalhava para uma organização prestadora de serviços a uma grande multinacional de tecnologia. Era um trabalho interessante – na verdade, um dos primeiros que eu tive como gerente de projetos. Além disso, o contato com um ambiente multinacional, com pessoas de diferentes países e culturas, era algo que me agradava muito. Eu era responsável por alguns projetos e todos eles transcorriam com relativa normalidade. Mas as coisas estavam prestes a mudar.

Eu já tinha ouvido falar de um temido projeto, que vou chamar apenas de Projeto X por uma questão de privacidade dos envolvidos, já que essa é uma história real. Pois bem, esse projeto era "famoso" na empresa por conta dos desafios técnicos e, especialmente, pelos conflitos entre a equipe local, no Brasil, todos colaboradores da empresa na qual eu trabalhava, e um *stakeholder* difícil, um chinês que atuava como líder técnico do projeto e era funcionário do cliente. Eu me compadecia das histórias difíceis que a equipe contava, mas não era muito afetado pelos problemas. Até que o meu gerente me chamou e anunciou: eu passaria a ser o gerente do famigerado Projeto X.

Quando quis "tomar pé" da situação, encontrei um cenário de calamidade. A equipe estava em estado de rebelião. O chinês estava escalando o problema para que o contrato fosse encerrado. O clima era de desconfiança e acusações. Por um lado, a equipe dizia que o chinês cobrava entregas que ele nunca havia pedido. Do outro, o chinês dizia que a equipe se comunicava mal e não trabalhava. Conseguimos descobrir uma série de causas para todos os problemas, mas é óbvio que havia um sério problema de comunicação.

Comecei com algumas medidas simples. Como as reuniões eram em inglês, eu intermediava algumas discussões com as quais a equipe tinha mais dificuldade. Depois pedia para fazer um breve resumo e compartilhar com todos, para garantir que nada fosse deixado de lado. As interações, antes totalmente informais e sem registro, passaram a ter registro onde era importante. Além de outras ações que, de alguma forma, acabaram ajudando. O chinês reconhecia que algumas melhoras haviam ocorrido, e a equipe estava menos rebelde, mas o clima ainda era de desconfiança.

O grande "pulo do gato" aconteceu quando estávamos revisando alguns itens de escopo na EAP, que era usada para definir o trabalho da equipe. Ao fazer algumas alterações, compartilhei o resultado final com toda a equipe, incluindo o chinês. E passei a fazê-lo semanalmente, utilizando a própria EAP para indicar os itens que haviam sido concluídos, os que tinham pendências, os que faltavam e assim por diante. Apesar de, para a equipe, ser uma atividade normal, algo inesperado passou a acontecer. O chinês estava de bom humor! Ele participava das reuniões de forma diferente, mais descontraída. As cobranças existiam, mas de forma respeitosa e profissional. A equipe estava adorando! Eu achei estranha aquela mudança repentina de humor. Um dia tivemos uma sessão de *feedback*, apenas eu e ele. E eu comentei que a mudança de humor dele havia impactado a equipe muito positivamente. E ele respondeu que estava feliz, muito feliz, com a equipe. E muito feliz comigo. Em um momento mais emotivo, ele chegou a dizer que eu era o seu gerente de projetos preferido! Perguntei o motivo, e a resposta foi que agora, com aquelas "caixinhas", ele realmente tinha a certeza de que a equipe trabalhava. E "via" o progresso da equipe. Moral da história: nunca subestime o que uma EAP pode fazer pelo seu projeto!

Tribo do resultado

Thiago Regal

Por causa da minha formação como engenheiro, o início da minha carreira foi atuando em atividades técnicas. Uma parte dela, inclusive, desenvolvendo software para áreas bancárias e de automação comercial. Nessa primeira experiência na área bancária, lembro bem de um projeto enorme, que visava utilizar sistemas operacionais de código aberto para diminuir os custos de operação da organização. Foi um projeto interessante e bem embasado. Foi conduzido por um grupo de técnicos muito qualificados e que acreditavam na "filosofia" do software livre: ofereça generosamente o seu conhecimento para ajudar a criar um "todo" do qual você e os demais possam se beneficiar. Foi interessante.

Em seguida, comecei a me aprofundar em uma segunda linguagem de programação. Ela era disponibilizada gratuitamente e, apesar de ser mantida por uma empresa, valores parecidos com aqueles da comunidade de software livre estavam presentes também na "filosofia" daquela linguagem. Mas haviam os inimigos. O sistema operacional pago, a linguagem concorrente, tudo que não fosse "livre e aberto". Era como se existissem tribos. De um lado e de outro, objetivos e ideias irreconciliáveis e o desejo de acabar com o outro lado e ver a sua noção de mundo triunfar!

Depois que a minha carreira mudou rumo ao gerenciamento de projetos, achei que estava deixando para trás uma visão de mundo um tanto "tribal". Ledo engano. Logo deparei com os "agilistas" e os "tradicionalistas"[1]. Duas novas tribos cujas visões de mundo são completamente diferentes. Uns diziam: "com a

---

[1] Discordo da nomenclatura "ágil" e "tradicional", pois carregam a ideia de que um é mais "rápido" que o outro, um é mais "moderno" que o outro. Prefiro as nomenclaturas formais: ciclos de vida adaptativos para o chamado "ágil", e ciclos de vida preditivos para o chamado "tradicional".

nossa visão, resolvemos todos os problemas. Mas não ouse fazer nada diferente do que dizemos!". Os outros replicavam: "essa turma gosta de bagunça e de não trabalhar. Não dá certo". E cada um seguia vendendo a sua ideia de mundo.

Tive ainda a sorte de não me restringir a um tipo específico de projeto na minha carreira. Atuei em áreas tão distintas quanto software, usinas hidrelétricas e reflorestamento – problemas, contextos e pessoas completamente diferentes uns dos outros. E eu aprendi muito cedo: não existe "bala de prata" no gerenciamento de projetos, ou seja, uma única receita que resolva todos os problemas. É preciso conhecer o projeto e o contexto em que ele está. E então escolher as melhores ferramentas. É isso que faz um gerente de projetos ser realmente bom: possuir uma "caixa de ferramentas" e usá-la de forma adequada, sem ideologias. Por que não nos unimos todos em uma única "tribo" – a daqueles que buscam o RESULTADO?

O vilão tempo

Leandro Vignochi

As velhas e recorrentes reclamações dos envolvidos nos projetos são as seguintes: "não tenho tempo!"; "falta tempo!"; "há risco de o projeto atrasar!". Coitadinho do tempo... ele carrega um estigma de vilão única e exclusivamente por ser facilmente mensurável e naturalmente dinâmico.

De fato, tempo nunca é problema em projetos. Ele é a expressão de algo que realmente gerou um impacto no cronograma. As variações de tempo, em qualquer projeto, sempre serão a consequência de um problema ou de uma oportunidade.

Se você planejou o cronograma sem uma base de conhecimento e sem ponderar a estimativa otimista, a mais provável ou a pessimista, considerando os níveis de complexidade e incerteza das entregas do projeto, certamente os seus prazos sofrerão a consequência negativa do atraso de entregas.

De outra forma, com análise dentro da realidade, os prazos serão positivamente atendidos. Trata-se de um raciocínio lógico: certamente, é necessário ponderar que o tempo do projeto pode ser afetado por variáveis que você não previu. Porém, sem nenhuma análise, qualquer previsão passa a ser sonho ou desejo – e, novamente, não é culpa do tempo.

É claro que, na teoria, tudo é muito simples, porém não podemos esquecer o fator humano. É muito comum que se tenha um prazo exequível para realizar uma atividade do projeto e que se utilize o período entre a data inicial e final para fazer qualquer outra coisa que não seja a construção da entrega.

Um exemplo claro é este livro que você está lendo. A cada cinco dias, cada integrante devia elaborar uma crônica, que, normalmente, contempla uma página ou uma página e meia. Em geral, recebia os textos com antecedência, mas também era comum receber em cima da hora ou com atraso. Seria talvez a inadequada previsão de tempo ou o excesso de trabalhos e atribuições? Não!

O motivo das entregas feitas no último minuto está atrelado ao posicionamento pessoal perante a entrega. Construir o trabalho na iminência da data final remete à famosa síndrome do estudante, que estuda somente duas horas antes da prova, ou elabora a tarefa na madrugada anterior ao dia da entrega. O que deve ficar claro é que não existe certo ou errado! A decisão é do indivíduo. Porém, esteja certo de que, independentemente do jeito de fazer uma entrega, o responsável deve entender que o prazo é uma necessidade do projeto, e o projeto é um barco sem bote salva-vidas... se ele afundar não é o barco que se afoga, e sim a equipe do projeto. De fato, em qualquer projeto, você terá sempre quatro opções ao tratar as atividades do cronograma:

- ir construindo para entregar na data;
- construir antes da data;
- construir próximo à data final;
- atrasar!!!

Em todas as situações, o cronograma da entrega afeta a proposta do projeto e é fácil de mensurar. Porém, o impacto na reputação do responsável pela entrega não é tão simples de medir, pois o receptor irá taxá-lo de bom, mais ou menos ou ruim. São opções que, naturalmente, incidirão na forma como você é visto.

Nunca é culpa do tempo!

Gestão do tempo

André Vicente Voltolini

Frequentemente ouço: "o dia deveria ter mais de 24 horas. Não estou dando conta de fazer tudo o que preciso". A falta de tempo tem gerado uma série de problemas emocionais e também de saúde para muitas pessoas. Mas será que as pessoas estão gerindo o seu tempo de forma adequada? Será que as pessoas estão priorizando suas atividades corretamente?

Observo algumas características comuns em pessoas que estão com problemas de gestão de tempo: são impacientes, não conseguem focar em algo novo, em geral trabalham no piloto automático, não conseguem executar suas ideias, estão sempre ocupadas, sentem-se improdutivas e trabalham mais que dez horas por dia. A boa gestão do tempo começa com a definição dos objetivos de cada pessoa, relacionados a sua vida profissional e pessoal. Esse é o primeiro passo para quem quer melhorar a sua qualidade de vida com uma melhor gestão do tempo. Devem ser estabelecidos limites e prioridades. Claro que existem períodos sazonais de maior demanda de atividades, mas isso não pode se perpetuar. Algo básico a estabelecer é a classificação das suas atividades diárias em dois pontos: importância e urgência. Em cada uma reflita: "é importante?"; "é urgente?".

- O que for importante e não for urgente deverá tentar ser sempre priorizado.
- O que for importante e urgente deverá ser feito imediatamente.
- O que não for importante e for urgente (supostas emergências) deverá ser delegado sempre que possível.
- O que não for importante nem urgente, evite fazer. Precisamos aprender a dizer "não" para esses casos.

Planeje sempre a sua semana, com o cuidado de não ser otimista demais com a duração de cada tarefa. Lembre-se de deixar períodos sem atividades, pois sempre surgem coisas não planejadas que vão precisar ser executadas. Procure sempre equilibrar suas atividades profissionais e suas atividades de lazer. Reserve tempo para a sua família. Caso algum dia tenha que trabalhar além do horário normal, planeje-se e no dia seguinte saia mais cedo e dedique-se à família ou a atividades de lazer ou atividade física. Não planeje atividades profissionais para o final de semana, faça isso apenas quando houver necessidade, não torne isso um hábito. Isso deve ser uma exceção. Defina alguns limites e não abra mão deles. Organização é muito importante e ajuda na melhor gestão do tempo. Elimine tudo o que não é necessário no seu ambiente de trabalho (papelada antiga, excesso de documentos e coisas que tiram a sua atenção na sua mesa de trabalho ou no ambiente em geral). Aquilo que for importante e precisar ser guardado, catalogue e arquive de forma organizada, para ser facilmente recuperado quando necessário. Avalie quanto tempo você perde diariamente procurando coisas. Faça um ajuste diário na sua agenda, avaliando, ao final de cada manhã e tarde, se o que foi planejado foi feito e como será o resto do dia e da semana. Cuidado com os principais ladrões de tempo no dia a dia:

- **E-mails:** defina alguns horários do dia para acessar. Não deixe que os e-mails direcionem o seu dia. Planeje um tempo na sua agenda diária para responder, classificar e encaminhar as mensagens recebidas. Essa forma de comunicação não deveria ser para assuntos muito urgentes. Assuntos com grande urgência sempre devem ser comunicados por telefone.
- **Telefone:** atenda somente se necessário. O telefone é um grande "fura--fila" e deve ser tratado com critério. Não atenda durante reuniões ou momentos importantes. Retorne o quanto antes todos os seus recados e seja breve nas ligações.

Termine a sua semana contabilizando seu tempo, avaliando resultados, refletindo sobre as maiores dificuldades encontradas e utilize isso como base para planejar a sua próxima semana.

Equilibre o seu tempo entre a sua vida profissional e pessoal. Não seja escravo do trabalho. Novamente, **estabeleça limites e não abra mão deles**. Durma bem e o tempo necessário para sua recuperação física e mental. Isso é fundamental para aumentar a disposição. E, por fim, pratique com regularidade exercícios físicos para manter a sua saúde e aliviar o estresse. Seja feliz.

O dia E – "E" de embarque

Rogério Dorneles Severo

Achei recentemente um bloco de notas com anotações interessantes de um evento de que participei há mais de 10 anos e rapidamente me remeti àquele dia e momento, por isso escrevo agora.

Por quê? Porque lembro ainda como se fosse hoje do que vi e ouvi naquele evento.

Consegui perceber que estava no caminho certo, por trabalhar com questões ligadas a obras de engenharia, mas com foco no pensar das obras, em áreas como custos, cronogramas, planos de ataque, condições contratuais e no controlar alterações e mudanças executivas.

Hoje consigo avaliar o tamanho e a importância daquele evento na minha carreira.

Digo para muitas pessoas que algo que nos torna menos "tensos" com nossa carreira e mesmo nossa vida é "quando sabemos o que não queremos fazer", pois aprendemos a dizer não para trabalhos que não nos motivam, abrindo a oportunidade de nos tornarmos especialistas, no médio e no longo prazo, mesmo que o nosso caminho profissional seja difícil.

O evento era promovido por voluntários de um grupo de engenharia do PMI junto com o SENGE e acabou por ser um divisor de águas profissional porque me trouxe novos amigos, profissionais com quem tive a felicidade de passar a interagir. Esse *networking* acabou por me trazer também mais obras e novos clientes.

Pude aprender naquele dia que a realidade de uma grande empresa podia (e devia) ser mudada também para pequenas empresas ou pequenas obras. Ficou claro que um profissional com conhecimento e técnica poderia impactar e fazer grandes mudanças em uma empresa.

26 • O Gerente de Projetos Inteligente

Lembro, que, profissionalmente, foi a primeira vez que pude ver o impacto de fazer gestão em empresas de engenharia, obras e empreendimentos – e o pior, que isso podia ser replicado em outros negócios.

Essas eram lições aprendidas de uma das maiores empresas de engenharia consultiva do país. E o que eu anotei naquele dia foi:

- O PMO já era para eles um articulador do portfólio de projetos, consolidando informações e orientando os esforços na direção estratégica definida pela empresa.
- Eles já usavam BSC (*Balanced Scorecard*) para a gestão do portfólio de projetos.
- O PMO já era estratégico, saindo dos controles de prazo e custo, passando para uma maturidade otimizada em gestão na empresa. Eles já estavam no último nível de maturidade de gestão (que eram definidos como inicial/repetitivo/definido/gerenciado/otimizado).
- Estava claro para eles (já havia essa desmistificação) que não seria o PMO que resolveria os problemas nos projetos ou mesmo nas obras, mas que ele apoiaria a estratégia e a tomada de decisão diretiva.
- Estava claro também que, mesmo melhorando os controles, ainda assim o PMO não aceleraria a tomada de decisão da direção, mas mostraria se o plano de voo escolhido estava realmente apontando para o "lado" certo.
- A gestão dos projetos mostrava se eles estavam bem em cada trabalho e a gestão de portfólio mostrava se a empresa estava indo para o lado certo.

O que eu fiz com tudo aquilo? Era muita informação. Para mim ficou mais claro que eu precisava fazer algo para melhorar, para aprender mais, para assessorar melhor os meus clientes, que precisava me capacitar mais – afinal, minha empresa já tinha oito anos e eu conhecia naquele dia um novo "plano de voo".

Nesse dia, foi como se tivesse embarcado em um avião. E nesse embarque aprendi que devemos investir nosso tempo em aprender, mas também devemos gerar impacto no ambiente que nos cerca. Eu acredito que ainda não desembarquei desse voo.

Obrigado à Eng. Patrícia e à Promon por tudo o que aprendi com eles naquela oportunidade.

Piloto de MS-Project

Rogério Dorneles Severo

Ouvi falar pela primeira vez de software de cronograma e planejamento entre 2001 e 2002, quando um cliente estava desenvolvendo uma proposta em parceria com uma das maiores construtoras de São Paulo. Aqueles engenheiros paulistas já usavam um programa para desenvolver cronogramas que automaticamente ia montando toda estrutura e que tomava horas e horas no Excel.

Era o MS-Project, uma ferramenta da Microsoft de apoio a gestão e planejamento.

Até aqui eu só conhecia o Excel e suas tabelas e planilhas que ficávamos criando com células pintadas ou em planilhas de cronogramas físico-financeiro. Confesso que realmente saí daquela reunião impressionado com a apresentação do material e também com a velocidade com que conseguia enxergar o andamento de tarefas e os prazos. A partir daquele cronograma, a empresa também desenvolvia um cronograma ilustrado, que mostrava como a obra estaria realizada ao final de cada mês, algo que talvez hoje o *Building Information Model* (BIM) possa nos trazer com desenhos modelados das obras em 3D, aliado ao planejamento no MS-Project, que se chama de BIM 4D. Era fantástico na verdade, com caminho crítico calculado automaticamente e as tarefas ficando vermelhas e azuis pelo encadeamento, e com possibilidade de fazermos o controle da obra dizendo o % executado, ou seja, conseguíamos aferir seu andamento com boa precisão.

Com certeza isso gerava grande impacto também nos clientes, pois, ao receberem o material com aquela estrutura e apresentação parecia que as obras eram mais fáceis de serem feitas, ou que, pelo menos, se tinha o caminho a seguir totalmente conhecido.

Eu não podia ficar para trás e tratei rapidamente de buscar um curso sobre o assunto. Através dele, conheci um grande amigo, que me ensinou muito sobre esse programa. Após o curso, acabamos também por trabalhar juntos em obras e consultorias, e sempre me socorria com ele quando o assunto era "como melhor controlar obras".

Um ponto interessante no curso é que o instrutor também apresentava a necessidade de pensar de forma estruturada no início do trabalho, antes de começarmos a lançar dados na ferramenta. Meu amigo, Eng. Alexandre Ely, dizia que se não tivéssemos uma metodologia para desenvolver esses cronogramas miraculosos no MS-Project não iríamos conseguir controlar adequadamente os projetos – eles ficariam tão grandes e difíceis de operar que ao final abandonaríamos o uso do software. Projetos e gestão de projetos foram conceitos que também aprendi naquele curso.

Ou seja, ainda que tivéssemos essa ferramenta miraculosa, que nos daria muito mais agilidade e capacidade de pensarmos mais longe e planejarmos melhor as nossas obras e projetos, precisávamos pensar antes em como fazer o cronograma e principalmente em como gostaríamos de controlá-lo.

Posteriormente, o mesmo Ely me apresentou a um profissional que fez tudo ficar ainda mais claro. O Eng. Marco Antônio Kappel Ribeiro trouxe uma abordagem estruturada, em forma de uma Norma ANSI, e que ajudaria a gerenciarmos melhor nossos projetos, independentemente do seu tipo ou do software que íamos usar: era o *PMBOK® Guide*, um padrão desenvolvido por voluntários do PMI de todo o mundo.

Essa visão completava o que faltava em meus conhecimentos de engenharia, pois extrapolava em muito as questões de orçamento de obra, cronograma físico-financeiro, controle de custos de obras, software de controle de empresas de engenharia que olhavam para finanças, compras, folha de pagamento de forma estanque e mesmo o gerenciamento de obras que conhecíamos em algumas empresas do ramo.

Ainda hoje, quando vejo novos colegas engenheiros descobrindo o MS-Project e a busca por uma ferramenta que "resolva tudo", sempre lembro de alertar para que eles não virem "pilotos" de MS-Project.

Precisamos de ferramentas como o MS-Project para gerirmos melhor o que vamos fazer, **mas** não pode haver dúvida de que, mesmo que a ferramenta seja fantástica, a forma como a usaremos é que realmente vai definir os resultados que conseguiremos ter – e, ao final, fará com que geremos os resultados esperados para as obras ou projetos em que trabalhamos. Isso permitirá que nos tornemos então melhores gestores de projetos e não somente pilotos de software.

O projeto ágil

Thiago Regal

Um dia um cliente me procurou dizendo que precisava tornar as coisas mais ágeis na empresa dele. Ele tinha ouvido falar de uma tal "metodologia ágil", que deixaria tudo mais rápido. Os projetos seriam mais produtivos, e a empresa toda seria "ágil".

Diante de todo aquele entusiasmo, procurei entender melhor o que estava acontecendo. Era uma empresa de um setor muito consolidado e com clientes bastante conservadores. Mas, como em todo o lugar, a pressão por melhorar os custos e entregar mais valor era constante. Eu quis saber quais eram os maiores problemas dos projetos.

— Eles atrasam – disse o ansioso cliente – e demoram muito tempo para serem entregues. Os nossos clientes ficam ansiosos.

— Mas os projetos mudam muito ao longo da execução? – perguntei.

— Nunca. Eles só são demorados.

Aí começamos uma longa conversa sobre ciclos de vida em projetos, agilidade organizacional, bom planejamento e bom-senso.

Muitas vezes ouvimos falar de certas ferramentas e consideramos soluções mágicas. A famosa "bala de prata" não existe. Mas uma coisa é sempre verdadeira: conhecer bem as características do seu projeto e ser capaz de escolher as ferramentas mais adequadas é o que deixa o projeto verdadeiramente "ágil". Seja usando um ciclo de vida preditivo, dito tradicional, seja usando um ciclo adaptativo, dito ágil. O que gera resultado é o bom uso da ferramenta mais adequada a cada situação.

Aliás, mesmo a melhor ferramenta do mundo pode gerar resultados pífios se não for bem utilizada. Então, o segredo para um bom desempenho é escolher a melhor ferramenta para cada caso e utilizá-la de forma apropriada.

A fórmula do sucesso em um projeto

Thiago Regal

Sempre faço essa pergunta nos cursos que dou: o que é sucesso em um projeto? As respostas variam bastante, mas a tendência é que as melhores sempre variem entre algumas opções, especialmente quanto ao atendimento da Tripla Restrição. A Tripla Restrição é um conceito que diz que existem "dimensões" do projeto que não podem ser alteradas sem afetar as demais dimensões. Por exemplo, não é possível diminuir o prazo pela metade e entregar o mesmo escopo, com o mesmo custo (e com a mesma qualidade). O mesmo é válido para as demais dimensões. Ao conhecer a Tripla Restrição, as pessoas adquirem a tendência de atribuir sucesso a um projeto se este atender a todas as restrições, ou seja, terminar no prazo, dentro do custo orçado e entregando o escopo esperado.

Correto? Apenas parcialmente. Um projeto sempre é uma iniciativa que existe para resolver um problema de alguém. O dono do problema chama-se "parte interessada" (é uma das muitas que um projeto tem). Muitas vezes, um projeto entrega o que estava previsto, mas a parte interessada descobre que o seu problema não foi resolvido. O projeto teve sucesso? No meu entendimento, a resposta é clara: não! A grande questão é que o escopo deve então resolver o problema. Mas não queremos apenas resolver o problema. Queremos fazer isto gastando o valor pretendido, dentro de um prazo adequado. Se não for assim, é possível que criemos outros problemas. Dessa forma, "resolver o problema" é obtido através dos resultados que o projeto gera e que, muitas vezes, não são automáticos. A isso, eu chamo de benefícios. Assim, atender à expectativa das partes interessadas, resolvendo o problema esperado, é fundamental para o sucesso do projeto. É adequado fazer isso gastando mais, demorando mais, entregando apenas uma parte do escopo e sem a qualidade esperada? É óbvio que não. Sendo assim, a fórmula do sucesso em um projeto é muito simples. Atenda às restrições e gere os benefícios esperados: $S = B + R$.

Pensar e planejar para fazer mais e melhor!

Rogério Dorneles Severo

Quando passamos a entender mais de contratos e de planejamento, conseguimos produzir mais em obras, seja para transferir ou adquirir conhecimento, compartilhar experiências e gerar melhores resultados.

Quando trabalhamos em equipe, passamos a nos dar conta de que não somos os únicos que tentam fazer as coisas de forma completa e detalhada.

Eu mesmo aprendi isso de uma maneira significativa a partir do voluntariado, trabalhando com pessoas de diferentes áreas e habilidades no entorno de uma causa, onde temos de aprender o poder da decisão compartilhada e do trabalho colaborativo. Passei assim a entender a importância das disciplinas complementares na engenharia e na construção, como compatibilização de projetos, orçamento de obras e BIM. Mas, principalmente, entendi que a soma de especialistas faz com que, ao fim, uma obra efetivamente saia mais econômica.

Quando uma obra tem a gestão de um único engenheiro ou arquiteto o resultado é quase sempre o mesmo. O profissional dará prioridade a temas de que mais gosta ou no que é melhor, e o resto, bem, o resto fica para a própria equipe da obra resolver no dia a dia.

E lá na obra a equipe resolve! São problemas dos mais variados, mas eles resolvem. A questão que precisamos refletir é sobre a forma como eles resolvem.

Por exemplo: se temos um tubo de água que passa junto de uma tomada elétrica em uma parede, e isso foi identificado somente na hora da construção, obviamente isso precisará ser desviado. Mas onde botar esse tubo de água ou para onde realocar a fiação elétrica? Assim, acabamos transferindo para a equipe da obra uma responsabilidade que não é deles.

No fim, o problema acaba sendo solucionado por um eletricista ou um hidráulico – às vezes até por um pedreiro. Mas precisamos lembrar que eles não conhecem dimensionamento e não entendem por que, em muitos casos, engenheiros e arquitetos cometem esses erros nos desenhos técnicos da obra.

Como construtores de ofício, o time da obra está tão acostumado com isso que, ao final, toma alguma decisão e resolve como executar.

Se o engenheiro ou arquiteto que está à frente da obra tiver a sorte de ter um mestre de obras que efetivamente tenha experiência e anos de vida em canteiros de obras e ele trabalhar, como me disse um amigo meu outro dia, com "o penso", ele vai discutir o problema com o gestor. E, ao fim, a decisão tomada vai estar desenhada e até poderá ser corrigida nos desenhos e projetos de futuras obras.

Parece simples, parece óbvio, mas ainda deparamos com esses problemas em obras até hoje.

Quanto tempo se perderá com os trabalhadores envolvidos para solucionarem um tema como esse? Quanto, ao final, realmente custará esse tempo perdido? Quantos problemas similares serão enfrentados ao longo de uma construção?

Fazer a obra com o "penso", onde se tenha compatibilização dos desenhos e orçamento prévio, curva ABC dos itens a consumir feitos antes de início da execução da obra, pode até parecer mais caro, mas estamos fazendo gestão de projetos. Ao final, tenha certeza de que sairá melhor e também mais barato – ou, pelo menos, dentro do custo que foi previamente orçado. E isso, por si só, será mais barato no final.

Por quê? Porque todo retrabalho é um desperdício, e em todo o desperdício estamos queimando dinheiro de forma invisível. Desperdício na construção não gera qualquer retorno ou subproduto que possa ser utilizado.

O material ou o tempo desperdiçados não voltam nunca mais e estão definitivamente perdidos.

Por isso, acredite que você não é o único que quer fazer certo, que quer fazer obras com uma boa equipe, que quer gerar resultados. Mas invista em planejamento, invista em técnica, invista em ter equipes que pensam e seus resultados serão surpreendentes.

SOBRE PESSOAS

"O cara"

Leandro Vignochi

Já com certa experiência no assunto, fui convidado a gerenciar um projeto que tinha visibilidade e também poderia render um excelente resultado financeiro. Tratava-se da implantação da metodologia de gerenciamento de projetos em uma indústria do segmento de manufatura metal mecânico, ambiente com o qual tenho grande familiaridade. Devido ao conhecimento que eu imaginava possuir, superestimei minhas condições e deixei meu ego falar mais alto. Assim, optei por ler a proposta muito superficialmente, deixando de lado uma análise mais detalhista e aprofundada da proposição.

Resumindo... eu pensei que era "o cara"!

Como eu já me considerava proprietário do conhecimento extremo no assunto, não quis buscar a opinião de outros profissionais, deixei de analisar o escopo do projeto antes de entrar no jogo e não ponderei o impacto do fracasso da proposta para a minha empresa.

Segui em frente e aceitei ser o gerente do projeto.

Logo percebi que "o cara" não tem espaço em gerenciamento de projetos. Depois de três meses, precisei contratar outras duas pessoas para concluir as fases do processo, deixei de atender a outros projetos mais rentáveis e trabalhei arduamente à noite, de madrugada e nos finais de semana só para não ficar mal visto no mercado.

Caro leitor, que enrosco! A única coisa boa naquele período foi o fato de eu ter emagrecido uns quatro quilos sem fazer dieta. O resumo de toda essa ópera foi eu ter tido um resultado de R$ 380,00 em dois meses. Como se não bastasse, precisei pagar um jantar para comemorar o encerramento de uma fase do projeto e investi mais R$ 300,00. Sendo assim, o resultado real foi R$ 80,00.

E vou ser honesto com vocês: dei graças por ter conseguido remunerar meu pró-labore e pagar as contas da empresa.

Depois de dois meses o projeto começou a dar resultado, mas muito distante ainda do que eu havia imaginado inicialmente. Hoje ainda acontece de me pedirem para assumir um projeto antes de entendê-lo. Acredite: isso não vai acontecer.

Na parede do meu escritório, há um mapa de processos onde visualizo muito bem um item chamado "coletar requisitos". Logo abaixo do mapa consta uma frase que pode ser lida a dois metros de distância: "comece do jeito certo ou não faça". Resumindo: não desejo, não pretendo e não quero ser "o cara". Aprendi que a autoestima exagerada impede que você aprenda com quem sabe mais do que você.

Então, caro gerente de projetos, iniciante ou veterano, lembre-se: a partir do momento em que você se considerar "o cara", você está dando o primeiro passo para o fracasso do seu projeto e, por consequência, da sua carreira.

Otimismo: o lado cheio do copo

Cintia Schoeninger

Ah, os jovens... sempre tão otimistas com relação ao tempo e às atividades a serem executadas. Tudo sempre vai dar certo. Mas... e se não der?

Marcelo era um jovem executivo afoito e entusiasmado por mostrar resultados aos seus diretores. Fazia diversas tarefas ao mesmo tempo e priorizava a execução das atividades, negligenciando o planejamento destas, pois não podia perder tempo planejando. Ele queria fazer logo suas atividades para trazer o resultado que acreditava ser possível. Sempre com o smartphone na mão e um ramal a tiracolo, Marcelo tinha muitas atribuições.

Ele contava com uma equipe de trabalho que o acompanhava na execução do projeto. Essa equipe o respeitava, mas percebia que o seu otimismo atrapalhava a condução do projeto.

A equipe de Marcelo buscava sempre seu apoio, alertava-o para possíveis problemas futuros e, principalmente, sugeria planos alternativos. Mas Marcelo, sempre otimista, não queria discutir alternativas, e, sim, fazer outros contatos telefônicos para resolver o assunto pendente. Muitas vezes Marcelo escutava o que queria escutar, mas as ações não refletiam exatamente o que havia sido combinado ao telefone.

Um exemplo típico desses posicionamentos de Marcelo se deu quando da negociação de prazos com um terceiro. Mesmo alertado pela equipe de que o prazo desejado não seria cumprido pelo fornecedor, Marcelo ligou para a área comercial da empresa do terceiro, buscando uma resposta mais aderente à sua expectativa.

— Cara, por favor, consegue para mim esse material até a próxima segunda-feira? Eu realmente preciso desse material aqui na terça. Eu mando um caminhão meu passar aí e pegar, pode ser?

O representante comercial tentou explicar que não havia tempo hábil para entregar na segunda-feira, mas que iria verificar. Era tudo o que Marcelo queria escutar: "iria verificar".

Na segunda-feira, infelizmente, o material não estava pronto. Saindo para uma viagem de negócios, Marcelo teve seus planos arruinados.

Em um curto espaço de tempo, de tanto ser alertado pela sua equipe e vivenciar situações semelhantes à citada, Marcelo começou a perceber que, realmente, as coisas não saíam como ele imaginava – e que, possivelmente, a equipe que tanto o prevenira para que fizesse um planejamento de alternativas e ações de contorno tinha razão.

Ser otimista é muito bom, afinal as palavras têm força. Mas ser otimista tendo um planejamento executado com a mente equilibrada é melhor ainda. Mente desequilibrada e sob pressão não pensa de forma holística e não toma boas decisões. Identificar os riscos buscando mitigá-los, planejando opções A, B e C, dá chance de reações planejadas com conhecimento das perdas e ganhos de cada alternativa. Nas ocasiões em que a mente está desequilibrada e o raciocínio lógico está embaralhado pelas emoções, optamos por decisões muitas vezes equivocadas. Por isso, seja otimista, mas trabalhe de forma realista, buscando alternativas para os momentos de turbulência.

Resiliência, até que ponto?

Leandro Vignochi

A resiliência é a capacidade de o indivíduo lidar com problemas, superar obstáculos ou resistir à pressão de situações adversas sem entrar em colapso nervoso. Trata-se daquela situação de entortar e não quebrar. Conheci um profissional que era assim: na maioria das vezes ele ponderava com tranquilidade, mesmo quando as coisas estavam pegando fogo.

Certa vez, enraivecido diante de várias dificuldades que se sucediam em um projeto no qual dividíamos atribuições, telefonei para ele completamente transtornado. Na época, ele dirigia a instituição não governamental, sem fins lucrativos, onde eu exercia trabalho voluntário. Não sei o que ele pensou do outro lado da linha, mas hoje sei o que eu pensaria: que eu tinha algum tipo de transtorno!

O lado bom dessa confusão foi o fato de ele não ter desistido de mim. A única decisão que tomou foi a de manter a calma e me dizer: "Leandro, amanhã vou falar pessoalmente contigo. Fica tranquilo que vamos resolver!".

Após alguns anos de trabalho ainda nessa instituição, vi esse meu mentor e amigo (que também divide a parceria na construção deste livro) ser nomeado presidente da instituição em questão. Comecei a entender a importância da tolerância e acredito que sou um feliz usuário dessa prática. Porém, após uma observação mais detalhada, comecei a questionar se é uma boa postura ser 100% tolerante e adaptável. Afinal... até que ponto a resiliência é uma opção correta? Bem, empiricamente, eu diria que em 90% das situações tolerância e resiliência são fundamentais, e certamente a calma e a diplomacia devem ser a primeira opção.

Os outros 10% são as situações em que você precisa administrar pessoas cujo posicionamento é duvidoso, beirando a má índole, profissionais que podem destruir o projeto e a sua reputação. Nesses casos, colocar panos quentes e ser tolerante e condescendente somente prejudicará o seu projeto, a sua reputação e todos os envolvidos no trabalho.

Recentemente, gerenciei a construção de uma fábrica. Isso envolvia desde o projeto civil até a produção e comercialização do produto, cujos prazos de entrega já haviam sido acordados com o representante comercial que colocaria o produto no mercado. Foi um projeto extremamente desafiador, que exigiu um esforço diário durante oito meses consecutivos. Todas as economias da vida do patrocinador estavam investidas naquele empreendimento.

Mesmo com uma equipe excelente e alto nível de comprometimento e dedicação, tínhamos dois profissionais que acordavam prazos com os fornecedores sem validá-los comigo ou com a equipe do projeto, a ponto de comprometer o seu sucesso e o investimento do patrocinador. Optei inicialmente por uma conversa individual com ambos, para resgatar os processos de trabalho junto aos fornecedores, além de alertar sobre os impactos no projeto. Bem, não tive o resultado esperado e o posicionamento repetiu-se por outras duas vezes. Então decidi utilizar os 10% de intolerância e posicionei-me de forma contundente, com imposição e palavras duras. Minha atuação gerou o desligamento dos dois profissionais que burlavam o planejado, por opção. Não foi fácil! Mas às vezes temos que escolher entre o que é correto e melhor para o projeto e o que é conveniente para as pessoas que dele fazem parte.

Prime pelos 90% de resiliência, mas, se for necessário, utilize os 10% de falta de tolerância!

Autocontrole

Leandro Vignochi

O psicólogo Daniel Goleman, PhD formado pela Universidade de Harvard, autor do *best-seller* "Inteligência Emocional", escreveu sobre psicologia e ciência do cérebro para o New York Times durante 12 anos, sendo indicado duas vezes para o prêmio Pulitzer.

Hoje a inteligência emocional é, comprovadamente, um modelo de educação reconhecido como ingrediente fundamental da liderança, assim como agente ativo em uma vida plena. Das quatro estruturas da inteligência emocional, minha principal deficiência é o autocontrole, que nunca foi o meu forte. Alterações de voz e socos na mesa, infelizmente, já fizeram parte dos meus projetos.

Estar à mercê de momentos de estresse é uma constante do dia a dia do gerente de projetos e de qualquer pessoa cercada por pressões econômicas, políticas, sociais, familiares e emocionais. Na realidade, se você está vivo, terá que conviver com escalas mínimas ou máximas de cobrança e pressão. Como eu adoraria ter ouvido falar sobre inteligência emocional e ter entendido o seu significado há 12 anos...

Com o passar dos anos, percebi que os meus níveis de tolerância estavam diretamente ligados à excessiva carga de trabalho e à busca incansável pelas metas da minha empresa. Tudo estreitamente relacionado ao ambiente e à postura perante os percalços dos projetos.

Observei e priorizei as três situações que mais me tiravam o poder da racionalidade durante o gerenciamento dos projetos, considerando gravíssimo o item número 1, muito grave o número 2 e grave o número 3:

1. Comprometer o trabalho do projeto.
2. Valorizar-se com o trabalho dos outros.
3. Alterar o planejado sem acordo prévio.

42 • O Gerente de Projetos Inteligente

Em dezenas de projetos, essas questões eram, e ainda são, motivos para o disparo de uma bomba interna. Bem, a solução foi estudar! Isso mesmo: estudar, buscar auxílio de especialistas, identificar os alertas corporais que antecediam o momento de explosão e descontrole.

Recordo que, durante esse processo de aprendizado e preparação, assumi um projeto no interior do estado do Paraná. Era um trabalho desafiador, com dificuldades de deslocamento, gestão remota e resistência a mudanças.

Na minha busca por autocontrole e por compreender a inteligência emocional com o auxílio de especialistas, tendo em vista o alto nível de estresse do projeto, identifiquei um movimento corporal que eu realizava toda vez que estava prestes a perder a calma. Concluí que 50% do problema estava resolvido, pois já tinha um indicador que alertava a perda de controle. Claro que não vou declarar aos quatro ventos as especificidades desse movimento, mas os mais chegados sabem o que é e até fazem piada sobre isso.

Mas o que fazer com os 50% faltantes? Esses consistiam em entender que, após o alerta corporal, eu estava prestes a perder a razão, coisa de segundos entre a racionalidade e o descontrole. Para dar um tempo maior para a razão, comecei a utilizar frases-chave que possibilitavam a reflexão e continuidade da fala, como, por exemplo:

- Gentilmente, eu gostaria...
- Eu me sentiria mais confortável se você...
- Entendi perfeitamente, porém...

Para não ficar repetitivo, criei um banco de frases semelhantes que vou alternando. Essa prática me mantém conectado com a posição de protagonista ativo na elaboração dos argumentos, em vez de perder a razão por falta de controle. Atualmente, a minha postura exacerbada está em fase de extinção: é mais frequente eu manter o foco e não perder a calma.

Se você vive situações semelhantes, sugiro que procure os alertas corporais que antecipam o seu descontrole; todos têm algum. Para os casados, a melhor fonte de informação é o marido ou a esposa; para os solteiros, são os pais, colegas de trabalho ou namorada(o). Após descobrir, desenvolva suas próprias frases feitas, para dar um tempo a si e controlar a sua explosão. Se não conseguir resolver com as frases, encontre outro subsídio, peça para ir ao banheiro ou diga que vai receber um recado importante.

Apenas encontre a sua solução! E lembre-se que o autocontrole é um exercício diário.

A técnica e o líder

Rogério Dorneles Severo

É muito importante entendermos que a técnica também envolve pessoas. Profissionais de engenharia normalmente acham que a técnica, por si só, pode solucionar todos os problemas. Como engenheiro civil, tenho uma carreira com forte base na física, na matemática e no conhecimento do comportamento de materiais.

Acabei tendo que ampliar esse conhecimento sobre técnicas de engenharia para técnicas de gestão bem mais tarde, após começar a trabalhar profissionalmente em obras mais complexas. Mas o interessante é que esses trabalhos foram feitos para atender à exigência de clientes finais, aquelas pessoas e empresas que pagam pelas obras.

Como consultores, também temos que fazer gestão de pessoas e de negócios. Em empresas de engenharia fica claro que fazemos muito bem a parte técnica, aquela que determina e dimensiona um projeto e materiais de uma obra, que define dimensões e arquitetura e atende a exigências de prefeituras; aquela que escolhe materiais para uso e suas quantidades, que faz compras ou negociações com fornecedores-chave, que estuda qualidade de materiais, que atende também a exigências ambientais ou de segurança do trabalho.

Mas questões ligadas às pessoas e como liderar projetos e negócios não estão no rol das habilidades que aprendemos.

No início da minha carreira, achava que fazer gestão era ter uma ISO 9000; já alguns colegas mais experientes falam que nos anos 80 se fazia o O&M (Organização e Métodos) para melhorar a gestão administrativa. Hoje ainda vejo frequentemente esse tipo de confusão em empresas pequenas e médias.

Ao final, aquela carga de processos do século passado não melhorava muito as empresas de serviços de engenharia, na minha opinião. Melhorava, sim, os ambientes industriais controlados, que geravam produtos contínuos e repetidos de uma indústria de ponta, mas não melhoravam o ambiente de obras, onde predominam serviços e uma soma infindável de empreiteiros, fornecedores e grande quantidade de insumos, muitos ainda recebidos a granel e com parte das atividades de transformação que são artesanais, com baixa mecanização e fluxo de trabalho descontinuado.

Isso é o ambiente e o dia a dia de uma obra na maioria dos lugares e ambientes do país.

Por isso era muito interessante ver clientes exigindo coisas como:

- reuniões semanais de planejamento, onde equipes grandes de engenheiros param para ir até uma mesa definir ações, sob pena de não se poder fazer nada na obra sem um plano entregue;
- sistema de controle de funcionários, conferindo crachás, funções, uniformes e treinamentos;
- verificação da carteira de trabalho dos funcionários contratados nas obras pelas empresas construtoras;
- controle de jornadas de trabalho e horas extras; ou
- acompanhamento da qualidade do refeitório.

Ou seja, ações ligadas muito mais à gestão de pessoas do que à gestão técnica da engenharia e que muitos técnicos consideram pontos meramente administrativos ou "burocráticos". Sem contar que são ações que ajudam a reduzir futuras causas trabalhistas e até greves.

Pena que são ações e técnicas normalmente adotadas em ambientes industriais e não convencionais em obras públicas de infraestrutura ou de saneamento!

Mas, como disse, ainda com todas essas técnicas de gestão e apoio, e com algumas empresas construtoras que transformam essas metodologias de trabalho e operação e as incluem também na ISO 9000, muitas vezes ainda não se atinge o sucesso.

As atividades não são terminadas no prazo, temos funcionários ou colaboradores que estão sempre trabalhando como se essas metodologias não existissem ou, se existem, elas não valem para alguns, pois ainda são consideradas temas burocráticos.

E aí vejo que somente gestores que se transformaram em líderes conseguem tirar o melhor de uma metodologia de gestão, do controle do portfólio, do processo de controladoria e de planejamento. Se um gestor não se preparar para se transformar em líder, seu comando será fraco e nem os indicadores da metodologia ou de uma ISO 9000 irão apoiá-lo na tomada de decisão. Ele irá tergiversar, demorar para tomar decisões, mostrar fraqueza e, portanto, não conseguirá envolver a sua equipe ou seus colaboradores para atingir metas. Ou pior: pode também achar que as metas devem ficar escondidas, somente sob o seu controle. Ou, ainda, pode achar que metodologia de controle é pura burocracia e que ele sabe o caminho a seguir, sem nenhum mapa, usando seu *feeling* e sua experiência. Bom, tenho certeza que você já sabe como isso acaba!

Os objetivos não são atingidos mesmo em épocas de mercado promissor. Por fim, falham!

E as empresas fecham as portas!

Por isso é muito importante o profissional que quer ser líder entender que precisa de metodologia e técnica para conduzir uma obra.

As metas devem ser conhecidas por todos. As avaliações recorrentes vão mostrar onde está a obra e quanto se produziu de forma ampla, e não apenas olhando os indicadores financeiros.

Se um engenheiro gestor com perfil para ser líder não estiver à frente do trabalho ou da empresa, esses números de nada servirão, porque ninguém vai segui-lo, ninguém vai acreditar no seu comando, nem ele mesmo irá convencer os colaboradores sobre a importância da técnica e das metodologias da sua empresa. Ao final, também os indicadores financeiros serão cruéis e implacáveis com a empresa, o projeto e sua carreira. A opção é sua.

Eu acredito

Leandro Vignochi

Muitas vezes inúmeros interesses, posições e sentimentos fluem nos projetos.

Pessoas que querem, gostam, não gostam, apoiam, questionam, articulam, falam com e sem propriedade, misturam interesses pessoais com os interesses do projeto, desejam glamour, não querem ser percebidas... e assim vai.

É um turbilhão de emoções e sentimentos.

E você?

Você mesmo, gerente de projetos, que está no meio de tudo, com um ideal a ser defendido, princípios a manter, uma lógica a seguir e, por fim, sustentando o foco no resultado do projeto. O bom e velho projeto: aquele ser intangível que não dorme, não come, não dirige, não namora e que vai te abandonar mais dia, menos dia.

Se pensássemos de forma mais inconsciente e deixássemos as coisas andarem sem controle ou indisposições, certamente, por um bom período, ficaríamos mais tranquilos. Claro que um dia seríamos descobertos, mas, dependendo do jogo de cintura, do poder de argumentação e de um pouco de sorte, poderíamos estender isso por um longo tempo. Contudo, mesmo estando cansado e desiludido, você optou por defender o projeto até mesmo das mãos do patrocinador.

Caso tenha sido essa a sua decisão, a única maneira de fazer valer a pena é não desistir. Se desistir, você perde o motivo para continuar e sucumbe aos incrédulos de plantão. Refiro-me à entrega do produto do projeto!

Então, querida ou querido, o negócio é seguir em frente! Como um feliz usuário da dica a seguir, ofereço-a a você. Por isso, trate de mentalizar e repetir:

— Eu acredito, eu acredito, eu acredito...

Repita três vezes. Se for necessário, repita até cinco vezes. Só tenha cuidado para não fazer em voz alta, a fim de não ser percebido como demente ou seguidor de alguma seita. Talvez a "seita dos gerentes loucos"...

O que eu posso lhe dizer, com muita propriedade, é que vale a pena acreditar enquanto você desbrava o caminho do sucesso do seu projeto, por mais difícil e improvável que isso possa parecer. Vários irão segui-lo, alguns observarão você e outros só vão atrapalhar, mas você está lá... firme. Não tão forte como gostaria, mas... firme!

Como um mocinho de filme de caubói, no peito uma estrela de prata com o símbolo do PMI (ou qualquer outra insígnia que você usa). Na cintura, você não tem um Colt 45, mas um cronograma elaborado com técnica e lógica, que pode ser sacado a qualquer momento. Você não possui um alazão negro, mas galopa nas madrugadas com o seu notebook, atualizando o projeto e preparando-se para sacar o seu cronograma na próxima reunião-duelo. Não importa se estão armando uma tocaia para você; seus olhos são de águia e veem o perigo com antecedência graças à gestão de riscos.

Claro que tudo isso é uma associação. Porém, existe uma relação verdadeira entre o caubói e o gerente de projetos que realmente realiza o seu trabalho: ambos querem fazer a diferença a qualquer custo, arriscam por opção, pela certeza de estarem no caminho certo, defendendo os fracos e oprimidos que dependem do projeto para continuar trabalhando com dignidade.

O gerente de projetos é durão? Certamente que sim! Só que também tem coração... gerente de projetos chora, fica magoado...

Uma vez eu estava no limite do limite. Com 38 anos de idade, comecei a me questionar se valia a pena insistir na gestão de projetos, pois não tinha nenhum apoio na organização onde trabalhava, era um esforço imensurável e eu lá... teimoso. Então recebi uma revista de gerenciamento de projetos com um CD do Ricardo Vargas... coloquei no computador e o ouvi falando de gerenciamento de projetos e de como era importante seguir as práticas. Percebi que estava no caminho certo e desandei a chorar como uma criança na frente do monitor. Meu choro foi o primeiro degrau para sair do poço e ver a luz. Decidi que, daquele momento em diante, eu acreditaria a qualquer custo! Não sei se estaria melhor agora se não tivesse dado essa virada. Mas posso afirmar que hoje estou bem e mais tranquilo com a família, o trabalho e a perspectiva de vida.

Sinceramente, gerente de projetos, espero que você siga em frente. O ambiente ainda necessita de você e as organizações terão que aderir. Se está difícil, faça uma limonada desse limão, aproveite que você ainda é um desbravador, faça mais e melhor, seja reconhecido como alguém que faz a diferença. Se precisar chorar, chore! Motivo para desistir temos todos os dias, inúmeros; só que o mundo já está repleto de vítimas, fanfarrões, egocêntricos e dissimulados. Estamos precisando de mocinhos. Gente que... acredita, acredita, acredita!

Quem é competente em gerenciamento de projetos: o gerente ou a organização?

Thiago Regal

Muito se fala sobre como obter sucesso com o gerenciamento de projetos. Da parte das organizações, fala-se em maturidade, modelos de gestão, OPM, PMO, e assim por diante. Do ponto de vista do profissional, fala-se sobre o "triângulo dos talentos" do PMI, ou seja, o fato de que os profissionais devem possuir conhecimento técnico, liderança e habilidades de gestão de negócios e estratégia.

Mas, afinal de contas, o que faz realmente a diferença para o sucesso de um projeto? Pode um profissional competente, em uma organização imatura, conseguir resultados? E o contrário? Um profissional incompetente pode obter sucesso em uma organização madura? O que você acha?

Existe uma premissa fundamental que é a seguinte: toda organização é feita por pessoas. Dessa forma, o sucesso, de maneira geral, só é obtido através das pessoas. Um bom profissional, em uma organização com baixa maturidade, poderia atuar para influenciar a organização a utilizar de forma mais aprimorada as práticas de gerenciamento de projetos. Um profissional não tão bom, mas em uma organização altamente madura, poderia "entrar no ritmo" e passar a dar resultados. O fato é que, na prática, é muito mais provável que o sucesso dependa de forma mais significativa da capacidade profissional do gerente de projetos do que da própria organização. Já ficou claro que um influencia o outro, mas o bom profissional possui larga vantagem na hora de obter resultados. Uma organização com baixo desempenho pode atrapalhar, ou diminuir, esse resultado. Mas o contrário é ainda mais difícil. Um mau profissional possui tendência muito mais acentuada de não conseguir bons resultados, não importa onde ele esteja.

Planejamento

André Vicente Voltolini

Vou escrever um pouco sobre um tema bastante óbvio e elementar em projetos, mas que infelizmente não reflete o dia a dia de muitos gerentes de projetos: o planejamento.

Por que é fundamental planejar muito bem antes de executar? Todos nós estudamos isso e sabemos como é importante o planejamento de um projeto antes de iniciar a sua execução. Diariamente deparo com várias situações que demonstram a falta de prática de alguns gerentes de projeto, que não fazem ou que não dão a devida profundidade ao planejamento de seus projetos. A falta de planejamento detalhado leva a impactos muitas vezes irreversíveis em projetos. Sem um planejamento efetivo, certamente teremos problemas de escopo, tempo, custo ou qualidade, ou em todas essas áreas. Isso é muito grave. Imagine um projeto com restrição de tempo, que precisa ser concluído até determinada data; sem um planejamento adequado é grande a possibilidade de que haja um impacto nos prazos. E a restrição de custos? Imagine um projeto com restrição orçamentária; como pode ser garantido que os investimentos necessários para sua realização fiquem dentro do orçamento sem um planejamento detalhado de todas as aquisições e alocações necessárias? Falando apenas desses dois grandes tópicos, custos e tempo, podemos ver como isso é crucial. Mas por qual razão o planejamento não é feito? Existem vários motivos. Dentre eles, saliento dois:

- **Falta de uma cultura do planejamento.** Vivemos em um mundo cada vez mais corrido, onde o tempo é muito precioso. É comum que empresários ou executivos, que geralmente acabam sendo os patrocinadores dos projetos, não valorizem o planejamento, pois o entendem como perda de tempo. Com isso, no ciclo de vida desses projetos, o planejamento acaba ocorrendo de maneira superficial, impactando as estatísticas de fracasso dos projetos que vemos no dia a dia.

- **Metodologias ineficientes.** Quando trabalhamos com o mesmo tipo de projeto de maneira contínua (projetos com o mesmo ciclo de vida), é comum que as metodologias envolvidas nesses casos acabem minimizando as atividades de planejamento. Apesar de serem do mesmo tipo, esses projetos são completamente diferentes e certamente possuem *stakeholders* distintos, que deveriam ter suas expectativas também consideradas no planejamento, com a clareza necessária para serem devidamente atendidas.

Arrisco-me a dizer que a falta de investimento de tempo em planejamento é a maior causa de fracasso nos projetos. Reforçando: sem um planejamento adequado, a chance de termos problemas com escopo, tempo, custo, qualidade, gestão de riscos, plano de comunicação, gestão das expectativas das partes interessadas, etc. é muito grande. Claro que um bom planejamento é necessário, mas não suficiente. Sem um monitoramento efetivo da execução, o projeto ficará comprometido da mesma forma.

Concluindo, planeje mais e planeje corretamente. Ajude a mudar a cultura do não planejar, a cultura de que planejar é perda de tempo. Certamente você já ouviu algo do tipo: "não vamos perder tempo com planejar. Não temos tempo para isso. Vamos começar a colocar a mão na massa de uma vez". Essa máxima leva ao retrabalho, com consequente desperdício de tempo e de dinheiro. Planeje mais e melhor os seus projetos e entregue conforme planejado. Sua chance de sucesso será muito maior.

Não tenho tempo para planejar

Leandro Vignochi

Após entender e acreditar na gestão de projetos, iniciei uma cruzada para convencer diretores de organizações a utilizarem as boas práticas de gerenciamento de projetos. Passado um período de esforços infrutíferos, mudei a minha abordagem e passei a falar das boas práticas do *PMBOK® Guide*, do PRINCE2®, dos métodos ágeis elaborados a partir de projetos da tecnologia da informação, da Metodologia ZOPP, proveniente da Alemanha, do método FEL para megaprojetos e até mesmo das metodologias híbridas, que são elaboradas a partir de boas práticas e adaptadas à maturidade e à cultura da empresa.

Basicamente, apresentava a aderência do planejamento estruturado, comprovando que tinha aplicação consagrada na Inglaterra, nos Estados Unidos, na Alemanha, além daquelas modalidades que podiam ser adaptadas ao ambiente, sempre com argumentos fundamentados que mesclavam teoria e aplicação prática.

Entre tantas apresentações, recordo de uma oportunidade onde fui chamado para demonstrar o que o gerenciamento de projetos propunha para a diretora industrial. Após uma explicação detalhada, perguntei qual era a percepção sobre a aplicação do planejamento com ferramentas e técnicas consagradas. De imediato ela comentou que a proposta tinha lógica, porém o principal problema era que suas equipes estavam tão assoberbadas que não tinham tempo para aplicar as boas práticas. Dada a colocação, solicitei que ela imaginasse um mundo onde teria todo o tempo que quisesse.

— Como assim? – ela indagou.

Novamente, solicitei que imaginasse que, a partir daquele momento, as equipes teriam o prazo que desejassem para planejar. Após chegarmos a um consenso, ficou claro que, sem a restrição temporal, a falta de tempo para planejar não seria mais problema. Após estar convicto do entendimento, questionei:

52 • O Gerente de Projetos Inteligente

— Então me diga: como você conduziria o planejamento dos seus projetos?

Dez segundos se passaram e ela não conseguiu formular uma resposta. Então afirmei:

— Seu problema nunca foi falta de tempo, e, sim, o fato de não saber planejar.

Após mais dez segundos de total silêncio, expliquei com muita calma e ponderação que o tempo economizado quando se ignoram as boas práticas de gerenciamento de projetos era consumido em investimentos na reparação de erros, devido à falta de planejamento. Portanto, tínhamos duas opções:

- Assumir a rotina de investir mais tempo e dinheiro para refazer.
- Começar a arrumar tempo para planejar e não errar.

Pela expressão facial da minha cliente, percebi o impacto positivo que essa conversa gerou. Uma semana após esse diálogo iniciamos os trabalhos e, após um ano, a mesma diretora que acreditava que sua equipe não tinha tempo para planejar foi convidada a palestrar em um evento de gerenciamento de projetos, para demostrar os resultados da aplicação do planejamento estruturado.

Bingo! Sucesso!

O jeitinho brasileiro de não resolver as coisas

Leandro Vignochi

Quando você participa de um projeto, a energia deve estar focada em realizar tudo o que for necessário para que o projeto não dê errado. Essa é a essência de qualquer método ou metodologia de gerenciamento! O esforço trata de trazer para o presente o exercício de planejamento de forma incansável, com altos níveis de dedicação, seriedade e compromisso, evitando assim a transferência de erros e frustrações para o futuro, quando ocorrerá a execução do projeto.

Se pensarmos de forma lógica, todas as práticas de gerenciamento reconhecidas têm a proposta de investir tempo e análise no presente para evitar erros no futuro. Para que isso seja estruturado e tenha eficácia, existem processos e formulários, mas o que faz a diferença é a postura proativa perante a utilização dessas práticas.

Uma das áreas receptivas à prevenção é a área de conhecimento de riscos. O gerenciamento de riscos identifica e pondera o que pode dar errado e devolve para o projeto as ações que devem ser inseridas. Por consequência, o projeto deve ser analisado e receber uma nova ponderação de custos e prazos. Essa análise é a essência da prevenção.

O que me incomoda e muitas vezes me entristece é a postura de tratar algo tão óbvio de maneira irresponsável, utilizando processos, padrões, regras e formulários como algo necessário simplesmente para cumprir protocolo, desrespeitando a organização, o projeto e sua equipe.

É importante alertar que o gerenciamento de projetos expõe os pontos de fraqueza dos indivíduos, gerando um desconforto. Aceitar essa condição com maturidade é a postura correta! Não aceitar, elaborar adaptações ou fazer de conta que se está fazendo reflete "o jeitinho brasileiro de não resolver as coisas".

Recentemente participei de uma reunião de projetos que, pela metodologia, deveria encerrar com a revisão e análise dos riscos. A reunião contemplou uma hora de trabalho: 50 minutos foram dedicados à discussão de atividades do projeto (extremamente operacionais, que não agregavam nem para o projeto nem mesmo para a sua gestão) e os outros 10 minutos foram investidos na análise dos riscos.

Assim, essa coisa chata – de exposição das deficiências e de visibilidade do que podemos errar – foi concluída apenas para cumprir tabela. É uma dolorosa situação que traz a ilusão do trabalho cumprido momentaneamente, mas que, certamente, trará futuras frustrações para a execução do projeto. Nessa etapa, o conflito instaura-se e alguns lapsos de memória trazem à tona as questões: "lembra-se daquela vez? Mas a gente não tinha conversado sobre isso?".

De fato, a grande afirmação deveria ser: "não fizemos a gestão do projeto e não levamos a sério a gestão de riscos. Agora estamos pagando o preço por isso".

Nesse estágio, normalmente o projeto já é um fracasso e não há muito o que fazer a não ser tentar resolver as frustrações e pagar por elas.

Caso uma luz de bom-senso paire sobre os membros do projeto, ainda é possível resgatar algo de positivo para os próximos projetos simplesmente reunindo a equipe em uma sala para falar de forma franca que a verdadeira causa dos problemas foi o desleixo com o gerenciamento do projeto e a gestão de riscos.

É preciso evidenciar que, se subestimamos o planejamento, erros e frustrações serão parte da operação. Quem sabe assim, no próximo projeto, os envolvidos desenvolvam um "jeito brasileiro de evitar os problemas".

Liderança

André Vicente Voltolini

Cada vez mais ouvimos falar em liderança e da importância de termos e sermos bons líderes tanto na empresa quanto em família. Mas o que realmente significa ser um líder?

No momento em que escrevo este texto estamos passando por um momento de reflexão, transformação e de crise no nosso país. Essa crise política, e diria também ética, está causando uma crise econômica que freia o consumo e os investimentos. Isso tem causado um índice assustador de desemprego. Quem está trabalhando vem enfrentando dias muito difíceis. Dias repletos de medo e insegurança, por não saber se vai continuar com o emprego atual ou se a qualquer momento será despedido. Além desse temor, cada vez mais as empresas estão cortando custos de forma absurda, cobrando, exigindo e pressionando cada vez mais seus funcionários, tornando as atividades empresariais muito desgastantes. Para enfrentar esse momento, é fundamental que tenhamos líderes nesses ambientes. O verdadeiro líder é aquele que vai conseguir fazer o seu grupo de funcionários trabalhar de forma integrada e equilibrada. Esse líder deve ter a aptidão natural para nunca trair a confiança de seus subordinados. Deve também liderar dando exemplo, estando disponível para incentivar, dar todo o apoio necessário, trabalhar junto e cobrar por resultados. O verdadeiro líder inspira o seu time, é aquele com quem seus subordinados têm prazer em trabalhar, espelhando-se nas suas atitudes com o objetivo de se tornarem exitosos. É nesse momento de dificuldade, de pressão, da necessidade de ter que fazer mais com menos, que aparecem e se sobressaem os grandes líderes. Aqueles que, mesmo na adversidade, conseguem obter bons resultados e manter o seu time unido e motivado, mesmo trabalhando muito mais sob pressão. Não temos mais espaço para **chefes tradicionais** nas nossas empresas, mesmo para atividades muito operacionais e básicas, desempenhadas por funcionários com baixa escolaridade. O comando desempenhado por autoridade do cargo, com prepotência, arrogância e punição, não traz mais bons resultados para a organização. Esse tempo já passou. Não podemos esquecer também que está sendo um grande desafio hoje em dia, tanto para chefes quanto para líderes, administrar jovens funcionários. Esse grupo de pessoas dificilmente segue carreira em uma empresa, pois são movidos por motivações e desafios, trocando de empresa no máximo a cada dois anos. Os líderes de hoje precisam se reinventar e motivar mais do que nunca. Como sempre digo, é preciso conhecer um pouco o perfil psicológico dos subordinados para liderar de acordo com o perfil de cada um, sejam eles pragmáticos, reflexivos, afetivos ou racionais (vide literatura de Carl Jung). O líder deve lembrar que tem alto poder de mudar a si próprio e apenas alguma chance de influenciar os outros. Deverá cobrar resultados, não meios e processos, pois caso contrário o líder estará inibindo a criatividade e a capacidade de trabalho e inovação dos seus subordinados, desmotivando-os. Para esse novo momento, é preciso inspirar, apoiar, confiar e convencer em vez de mandar. Sempre equilibre a pressão e a cobrança com a motivação e o apoio.

Você está sendo um líder ou apenas um chefe? Lembre-se de que o exemplo não é a melhor maneira de liderar: é a única e verdadeira. Lidere pelo exemplo e torne-se cada vez mais um líder admirado e respeitado, que cumpre os seus objetivos.

Inteligência emocional

André Vicente Voltolini

Um dos aspectos que cada vez mais tem tirado excelentes profissionais do mercado de trabalho é a falta de inteligência emocional. Uma vez ouvi uma citação que é a mais pura verdade e jamais esqueci: "as pessoas são contratadas pelo QI (quociente de inteligência) e são demitidas pelo QE (quociente emocional)". Mas o que exatamente significa isso?

Em um processo seletivo, é muito mais fácil identificar qualificações técnicas, formação e experiência profissional do que as habilidades do candidato de lidar com o seu lado emocional. Aqui aparece uma das palavras mais importantes que passam a ser consideradas nos processos seletivos: resiliência. Mas o que significa resiliência? Resiliência é a habilidade de lidar com situações de extrema dificuldade e pressão, não deixando se abalar significativamente com isso, reagindo com calma e serenidade, superando essas barreiras e motivando todos em sua volta em busca de alternativas para superar as dificuldades. Isso fica muito mais latente e importante quando se trata de um executivo que tem subordinados sob sua gestão. Já dizia Abraham Lincoln: "quase todos os homens são capazes de suportar adversidades, mas se quiser pôr à prova o caráter de um homem, dê-lhe poder". Conheço excelentes executivos que possuem habilidades de gestão acima da média, geralmente se comportando muito bem quando as coisas estão favoráveis, mas, no momento atual que estamos enfrentando, de recessão econômica, diminuição significativa no consumo e retração significativa de novos projetos, estão tendo sérias dificuldades para encontrar alternativas e conseguir sobreviver corporativamente. Não são raros os momentos de descontrole e intolerância, algumas vezes surtando em frente aos seus subordinados, mantendo uma aparência de desespero, desmotivando o time e sucumbindo ao momento.

58 • O Gerente de Projetos Inteligente

Na minha opinião, não existem líderes sem alta capacidade de resiliência. Sem isso, executivos são apenas chefes e nunca serão líderes. São nos momentos mais difíceis que o verdadeiro líder aparece. Acredito que é muito mais importante trabalhar a inteligência emocional do que a inteligência técnica, pois a inteligência técnica pode ser adquirida com experiência e estudo. Já a inteligência emocional é muito mais difícil. A primeira coisa é reconhecer a necessidade de desenvolver essa habilidade e partir em busca do aprimoramento. O autoconhecimento é o primeiro passo. O aforismo grego "Conhece a ti mesmo" foi inscrito no pátio do Templo de Apolo em Delfos. Atribui-se a Platão ou Sócrates essa citação, e nos remete a uma importante introspecção para fazermos uma autoanálise em busca das nossas aflições e inquietudes e então partirmos para o desenvolvimento e aprimoramento da nossa inteligência emocional.

O chefe manda, diz sempre "eu" e "vá", procura culpados, fiscaliza, desmoraliza; o líder orienta, diz sempre "nós" e "vamos", acompanha, confia, assume a responsabilidade, apoia, está sempre ao lado, inspira e sempre dá o exemplo, gerando uma profunda admiração de todos.

Você quer ser um chefe ou um líder? Comece trabalhando a sua inteligência emocional. Tenha muito sucesso no processo de autoconhecimento e seja um vencedor.

Preste atenção nas pessoas e use o melhor delas

Cintia Schoeninger

Eu trabalho com projetos que entregam produtos e serviços inovadores e exclusivos para as empresas e para as pessoas. Projetos são feitos por pessoas, mas no início da minha carreira não achava esse fator relevante. Eu pensava que, com as técnicas e ferramentas que havia aprendido, teria condições de lidar com todas as diversidades de situações dos projetos.

Eu era sempre muito organizada, esforçada e disciplinada. Caso fosse necessário, passaria a noite estudando a fim de estar preparada para a atividade do dia seguinte. Pensava que isso me capacitaria e me daria condições de atender às demandas dos projetos. Contudo, os projetos começaram a ser cada vez mais desafiadores – fora da minha área de conhecimento e formação. Percebi que precisava muito das pessoas para entregar atividades dentro do projeto.

Ahhh... as pessoas... tenho encontrado algumas muito mais marqueteiras de suas ações do que realmente eficazes. É importante identificar e inserir essas pessoas em atividades fora do caminho crítico (é o caminho mais longo, sem folgas, do início do cronograma até o seu final). Outros indivíduos são muito inseguros, a ponto de não aguentarem uma reunião mais tensa e conflituosa. E há ainda pessoas sem foco, sem objetivo, que divagam e discutem sobre algo sem ter base em informações, criando cenários inexistentes e desperdiçando o tempo de muitos outros. Há pessoas que precisam ser motivadas por desafios e outras por elogios públicos. Há os críticos, que inserem problemas em todas as situações – ah... esses são os meus analistas de riscos.

Uma técnica que aprendi em uma palestra do professor Guilherme Souto (<https://br.linkedin.com/in/souto>) é sempre distinguir as pessoas quanto ao seu interesse no projeto e à sua importância estratégica. Consigo definir melhor como me comunicar com as pessoas conhecendo o funcionamento do indivíduo e os critérios de interesse e importância no meu projeto.

Minha sugestão: não entre em conflito com características comportamentais das pessoas. Aprenda com as pessoas e use o melhor que elas podem lhe oferecer. Identifique também os pontos de melhorias dessas pessoas: use o seu patrocinador para solicitar desenvolvimento e *coach* adequado a cada tipo de indivíduo. Instigue os indivíduos a buscarem, por si mesmos, um crescimento dentro das suas melhores habilidades e lapidar suas fraquezas. Lembre-se de que um projeto não entrega apenas um produto ou serviço exclusivo, entrega também uma equipe mais preparada e autônoma, com alta performance para executar novos projetos. E, por fim, você, gerente ou líder de projeto, também terá aprendido, pois conseguirá perceber, através de observações e técnicas, como as pessoas se motivam, quais das suas ações funcionaram ou não e como cada pessoa reage às diversas situações. Isso, com certeza, o auxiliará nos próximos desafios.

Os "especialistas" em gerenciamento de projetos

Thiago Regal

Não há dúvidas de que estamos em uma profissão valorizada. Especialmente de uns anos para cá, são vários os sinais que apontam para essa conclusão. Vagas no mercado, salário, oportunidades. Uma delas, porém, chama a atenção: os cursos de pós-graduação em gerenciamento de projetos, especialmente as chamadas "especializações".

Muita gente me pede informações sobre este ou aquele curso.

— A instituição "X" é boa?

— E a "Y"?

— A "Z" é a mais barata.

E por aí vai. Obviamente, eu não tenho como fornecer "pareceres" sobre todos os cursos de especialização na área, mas a minha resposta sempre possui elementos semelhantes. Avaliar a estrutura do curso, o currículo dos professores, saber qual é a experiência deles, se são certificados, o histórico da instituição e os comentários de ex-alunos. O fato é, tenho que admitir, que uma parte considerável dos cursos oferecidos possui uma qualidade duvidosa.

Como professor, procuro ser coerente e dar aulas apenas em instituições nas quais acredito. Mas o fato é que a "popularização" dos cursos de especialização veio a um custo. É a velha história do "não existe almoço grátis". Cursos baratos demais pagam pouco os professores e não estão preocupados com a qualidade. Querem o maior número possível de alunos para lucrar com a quantidade. Alguns cursos nem tão baratos assim vão na "onda" e resolvem criar programas de gerenciamento de projetos, mas sem nenhum apoio de um profissional qualificado e com uma proposta pedagógica horrorosa. O fato é que os alunos saem dos cursos com o título de especialistas. Mas estão longe de sê-lo.

Aliás, tem outro aspecto que sempre abordo com os meus alunos. A instituição e os professores podem ser os melhores do mundo, mas quem de fato é o verdadeiro protagonista do aprendizado é o aluno. É ele quem decide aprender e empreende o esforço necessário para isso. Aliás, não conheço nenhuma instituição capaz de ensinar tudo o que é necessário para formar um profissional completo. Quem pode buscar esse conjunto de habilidade é, novamente, o aluno. Afinal de contas, ter um título de especialista pode, no máximo, ajudar a conseguir uma entrevista ou uma promoção. O passo seguinte só é possível caso o profissional não tenha apenas o título, mas de fato seja um especialista!

Aceitar desafios vale um MBA?

Rogério Dorneles Severo

Certa vez fui convidado para virar gerente de planejamento em um contrato. Era um grande empreendimento, mas com curto prazo de execução, pelo que eu entendia ser possível dados o tamanho e o volume de trabalho. Mas, enfim, era uma oportunidade de estar à frente em uma das mais de quatrocentas partes de um "megaprojeto".

Se pensarmos do ponto de vista de uma obra de engenharia, executar uma construção de aproximadamente R$ 70 milhões de reais, atualizados aos dias de hoje pelo IGPM, e em oito meses, era algo impensável para mim. Com certeza era um grande desafio, pois significava mobilizar, contratar, receber, estocar, produzir, executar, montar e medir mais de R$ 8 milhões/mês. Foi assim que eu aceitei embarcar nesse empreendimento: fechei o meu escritório, liguei para clientes e disse que ficaria um ano sem atendê-los ou, no mínimo, que atenderia a eles somente em pontos específicos ou jornadas reduzidas.

Na época eu acreditava que trabalhar naquele contrato era o equivalente a um MBA.

Eu já conhecia aquele ambiente porque estava trabalhando ali há mais de quatro anos, mas não à frente do planejamento de um contrato.

Eram dez mil pessoas por dia, muitos canteiros, ônibus para a logística dos empregados... fui lá apoiar e atender a uma empresa e já estava no quinto ou sexto contrato diferente.

As demandas técnicas e de planejamento em obras grandes são urgentes, diárias e trabalhosas para a exigente equipe técnica do cliente. Bom, aí veio o dia de iniciar esse novo contrato.

Fui apresentado ao cliente como segundo homem no contrato, responsável pelo planejamento.

Eu li o contrato e não sabia por onde começar o planejamento. Ainda não tínhamos o gerente que estaria à frente de tudo.

Trabalhávamos muito para gerar as primeiras demandas e contratar a equipe dos trabalhos e chegamos a ter quatrocentas pessoas trabalhando nas nossas obras. E aprendi com aquela equipe algo simples, mas extremamente importante: planejar grandes obras em ondas sucessivas.

Ou seja:

1. Comece pelo início.
2. Primeiro, abra os projetos (das obras) e defina um plano de ataque para cada obra.
3. Deste plano, gere um cronograma.
4. Depois disso precifique, com base no contrato, a estimativa inicial do que vamos faturar com esses trabalhos.
5. Depois que definir o valor de venda, vamos quantificar quanto custa.
6. Daí vamos apresentar para a equipe de planejamento do cliente para aprovar – e, se ele aprovar, vamos ao trabalho de campo.
7. Daí passamos para a equipe de produção para realizar as obras. Ufa!

Corri e pedi ajuda de um professor especialista em MS-Project. Tinha feito um curso com ele dois anos antes. Foi um dos primeiros caras para quem liguei quando me contrataram, pois precisava que ele me ajudasse a entender como aquele software de planejamento funcionava, para estar à altura das demandas do cliente e do contrato. Tive sorte dele poder me atender e passei algumas tardes/noites gerando planos executivos complexos. Mas o mais importante é ver o quanto o cliente estava certo em fazer reuniões longas sobre planejamento, obrigando-nos, como executores, a pensar todas as ações em primeiro lugar. Em uma obra com muitas empresas trabalhando no mesmo lugar esse é o único caminho.

Para mim, aprender sobre planejamento em ondas sucessivas foi a chave para poder estar à frente naquele megaprojeto. Aprender que não devemos tentar fazer o planejamento de uma vez em um grande contrato é fundamental para poder gerar resultados. Devemos planejar e aprovar com o cliente nossos planos, planejar outra etapa e aprovar novamente.

Ainda assim, por vezes, naquele imenso contrato e com tanta pressão, em alguns momentos eu achava que não estava à altura, mas ao final conseguimos.

Eu já acreditava, na época, que fazer parte de uma grande obra era um MBA, e hoje tenho certeza disso. Tive a oportunidade de estar em um grande time.

Então, aceite o desafio. Um bom projeto vale um MBA.

Um gerente de projetos certificado é mais competente do que outro sem certificação?

Thiago Regal

Começo este texto fazendo uma pergunta provocadora: o fato de um gerente de projetos possuir uma certificação faz dele mais competente do que outro que não a possui? Já fiz essa pergunta muitas vezes. E a resposta sempre varia bastante. Muitos argumentam que a experiência é o que faz realmente a diferença. Outros dizem que uma certificação é fundamental. E por aí vai. Pois bem, vou direto à resposta: uma certificação não garante, para além de qualquer dúvida, que um profissional seja melhor que o outro.

Mas então para que serve uma certificação? Certificações, em geral, servem para atestar que um profissional possui um conjunto de conhecimentos e experiência em uma determinada área. Certamente há pessoas certificadas incompetentes. Mas o fato é que, para obter uma certificação, é preciso passar por um processo. Ao fazer isso, o profissional deve procurar obter um mínimo de preparação. Dependendo da certificação, mais ou menos experiência pode ser requerida. E passar pelas etapas da certificação, comprovando experiência e sendo aprovado em um teste, significa, sim, alguma coisa. É o que dizem as empresas. Afinal, a maioria delas tem colocado como pré-requisito para vagas na área possuir uma certificação. E pagam mais para profissionais certificados do que para não certificados. Dessa forma, na prática, as organizações veem, sim, uma diferença entre profissionais com e sem certificação.

A questão central é que não dá para generalizar. De forma geral, profissionais certificados tendem a ter um desempenho melhor, além de um grande diferencial na hora de terem os currículos pré-selecionados para uma entrevista. Portanto, vale a pena se certificar – a não ser que você seja um profissional superexperiente e reconhecido e não precise mais dessa "diferenciação". Conheço pouquíssimos profissionais assim, mas eles estão por aí.

A culpa é sempre do "outro"

Cintia Schoeninger

Gerencio projetos há alguns anos e, nesses últimos tempos, conto sempre com uma parte interessada misteriosa: o "outro". O "outro" é um cara que sempre aparece quando existe uma situação mal administrada ou mal conduzida. O "outro" aparece quando um erro foi detectado ou uma situação de falha foi exposta.

Geralmente, o "outro" é citado em reuniões de *report* do projeto: (a) o "outro" não fez; (b) o "outro" não validou; (c) o "outro" não checou; (d) o "outro" não falou que precisava; e assim apresentam-se variações de frases nas quais o "outro" deveria ter feito o que a gestão do projeto não fez.

Meu amigo Leandro Vignochi tem uma frase de que gosto muito: "não seja cliente de problemas e sim fornecedor de soluções". Não traga o "outro" para as reuniões de *report* do projeto. Traga soluções.

A gestão precisa se assegurar de que a equipe, seja ela interna ou externa, deve executar suas tarefas com o grau de qualidade estabelecido pelo projeto. O que isso significa?

Todo projeto é feito por pessoas e por vários tipos de especialistas. O gerente do projeto e os membros da equipe interna não são obrigados a ter o conhecimento das especialidades dos demais envolvidos. Por exemplo, se o meu projeto precisa de uma engenheira de alimentos ou de um engenheiro de segurança do trabalho, o gerente do projeto e a equipe interna não necessariamente precisam entender do produto que esses profissionais entregam.

Mas a equipe deve, sim, sempre, assegurar que as entregas desses profissionais serão executadas dentro do grau de qualidade, prazo e custo que o projeto definir. Por exemplo: o engenheiro de segurança deverá entregar (tarefa 1) ao projeto uma lista e requisitos para validar a compra de uma máquina. O engenheiro é o proprietário dos requisitos e entende da especialidade das normas de segurança. Posteriormente, a equipe do projeto deve ter (tarefa 2) uma tarefa de acompanhamento, realizada pelo engenheiro de segurança, de como o fornecedor da máquina a está desenvolvendo, verificando as conformidades e não conformidades. Por fim, quando a máquina for entregue, esse mesmo engenheiro de segurança deverá (tarefa 3) validar os requisitos novamente, pois, afinal, ele é o especialista no assunto segurança.

Um membro da equipe interna, mesmo sem conhecimento sobre segurança do trabalho, deverá acompanhar as tarefas do engenheiro de segurança e solicitar os termos de aceite deste para cada entrega. Assim, garante-se a gerência das entregas e evita-se que o engenheiro de segurança – o "outro", no caso do exemplo anterior – seja culpado quando algum item da máquina não estiver adequado na entrega do projeto.

Por favor: envolva as partes interessadas no seu projeto. Solicite que o especialista entregue os requisitos – após certificar-se de que este entendeu o escopo do seu projeto. Lembre-se de solicitar que o especialista faça verificações e validações de entregas em todas as etapas. Essas boas práticas garantem que o projeto seja gerenciado de fato e que o "outro" não compareça às suas reuniões de projeto.

Pensar é uma forma de agir

Cintia Schoeninger

Estava eu buscando um programa de televisão para me entreter. Pois bem, pulando de um canal para outro, resolvo assistir a uma entrevista com o filósofo Vladimir Safatle abordando justamente a importância do planejamento na vida das pessoas. Vladimir Safatle fez colocações que me fizeram permanecer assistindo o programa, aplaudindo cada uma das suas afirmações.

O fato de agirmos sem pensar, segundo o filósofo, é uma herança que vem de questões culturais referentes à virilidade, isto é, ao fato de o ser humano necessitar ter sempre respostas imediatas a tudo. Uma postura viril não admite dúvida. Além disso, Safatle diz que as pessoas devem ter respostas e ações imediatas para sentir que estão "à altura" ou que são "bem vistas" pelos demais dentro de organizações e empresas. Afinal, atualmente, você deve estar preparado para tudo sempre, de forma especializada, isto é, como se todos nós fôssemos peritos e estivéssemos preparados em todos os temas (por exemplo, medicina, geografia, história, relações internacionais, economia...). Isso é assustador, pois não estamos sempre prontos, precisamos nos preparar e planejar. Agir sem pensar não é virilidade – é fraqueza ou preguiça. Prepare-se para a sua próxima reunião e pense como a conversa pode fluir; pense no pior cenário, no melhor cenário e no cenário realista; avalie as suas posições e o quanto você pode ser flexível, mas não reaja sem pensar; essa é, sem dúvida, a sua pior escolha e não o mostra mais viril ou mais apto perante as demais pessoas.

Pensar é uma forma agir, segundo Vladimir Safatle. Deixe-me explicar para você ver se concorda: na ação ou na reação você utiliza experiências passadas, predeterminadas. Não há nada de novo na ação, trata-se de uma repetição de coisas que você já fez; e pode ser que a experiência passada nem tenha dado o resultado que você esperava. Agir sem pensar é uma roleta russa. Pode dar certo, pode não dar.

Já pensar é prever novas condições, fazer novos caminhos, escolher cenários otimistas (o melhor resultado), pessimistas (o pior resultado) e o cenário mais realista (bom para todas as partes – ganho uma coisa e perco outra, assim como as partes que estão negociando comigo). Planejar é uma ação que reitera (criando novas experiências e gerando aprendizado), enquanto a reação, sem um planejamento, é a repetição de coisas que já se conhece. Conclui-se, então, que pensar é agir e tem significado de "realizar algo" e "comportar-se com consciência sobre as consequências da ação". Quando agimos, buscamos efeito e reação. Então, vamos investir no pensar antes de agir, pois assim nossa ação terá um efeito e uma reação controlada pelo nosso planejar. Pensando antes de agir, você mostra o seu comportamento e seu preparo para lidar com as situações (mesmo uma situação de perda você estará mais preparado para assimilar, pois houve uma reflexão anterior sobre esse cenário – não é surpresa total). Essas são habilidades que o mercado de trabalho valoriza: realizar e comportar-se em equipe, a partir de ações pensadas e planejadas. Então, quando estivermos diante dos nossos projetos, vamos investir no pensar e planejar, para só depois agir?

ESTRATÉGIAS, PROCESSOS E GESTÃO

Preparação é tudo

Leandro Vignochi

Prepare-se!

Preparação é tudo e deve resultar de uma construção prévia. De nada adianta se preparar baseado em sonhos e *feeling* (nunca entendi o sentido desta palavra). O que sentimento tem a ver com decisões técnicas e financeiras? Essas palavras de moda algumas vezes me incomodam.

Já presenciei profissionais que haviam realizado um excelente trabalho perderem toda a moral perante os patrocinadores e diretores por não estarem preparados para o momento de exposição.

Em certa oportunidade, fui convidado a acompanhar um consultor que é muito meu amigo até hoje. Estávamos em uma sala com diretores e gerentes de uma empresa, totalizando sete pessoas. Eu, na posição de assessor, correndo riscos junto com o cliente, e meu amigo como consultor, fornecendo diretrizes e orientações.

Nessa reunião, o maior conhecedor sobre gerenciamento de projetos era eu, portanto deveria ter tido mais representatividade e relevância, pois o assunto era justamente esse. Porém, o meu amigo fantástico tem uma eloquência e uma categoria de expressão de alto nível. Lógico que fiquei como coadjuvante.

Perguntei a ele como tinha conseguido se sair tão bem em um evento que tratava de um assunto sobre o qual ele não tinha tanta propriedade e ele me respondeu:

— Eu me preparei.

Dada a franqueza da nossa amizade, ele continuou e me disse:

— Não deixei acontecer o que aconteceu com você. Você correu o risco do excesso de autoconfiança.

Daquele dia em diante, sempre que tenho uma apresentação de desempenho do projeto, reunião com os patrocinadores ou quando qualquer membro da equipe necessita se expor representando o projeto, faço com que a própria preparação seja tratada como um projeto: analiso os riscos, foco nos ensaios, envio para críticas, refaço o ensaio e deixo claros os objetivos para os envolvidos. Se o evento é de quarenta minutos, nós chegamos a investir cinco horas na preparação.

Trata-se de um grande momento do projeto! Se os envolvidos que estão lá para falar sobre o projeto não tiverem um verdadeiro "gerenciamento do projeto" que lhes dê propriedade para argumentar, serão desmascarados. Se tiverem propriedade e não transmitirem confiança, será ainda pior, pois perderão a credibilidade em todo o projeto. Esse impacto negativo no projeto é imensurável, pois tudo o que você fizer será questionado e passará por um processo decisório, na maioria das vezes, comprometendo prazos e custos.

Por isso, posso afirmar algo que não está nos livros, mas, sim, nos projetos gerenciados: existe um momento em que o objetivo do projeto confunde-se com a necessidade de a equipe do projeto ser reconhecida como uma equipe segura e de alto desempenho. Somente com seriedade na gestão e preparação isso é possível.

Esqueça as frases malditas:

— Na hora eu resolvo.

— Deixa comigo.

Apenas... prepare-se!

Processos contínuos
e atividades pontuais

Leandro Vignochi

Eram 34 projetos simultâneos com escalabilidade de 200 mil a 3 milhões de reais, envolvendo o processo produtivo, o lançamento de novos produtos e até a aplicação de gerenciamento de projetos como metodologia. Nas equipes, o planejamento estava a cargo de gestores da produção, gerentes e até diretores, todos inseridos em um ambiente de baixíssimo nível de maturidade nesse tipo de gerenciamento. Alguns indivíduos aplicavam certas técnicas, mas faltava tudo, inclusive uma linguagem comum a projetos. Por isso, a comunicação era difícil.

Para vocês terem uma ideia, demorei oito meses para conseguir uma alteração de escopo de um dos projetos assinados. Antes disso, todas as alterações de escopo eram elaboradas e assinadas por mim. Manter o registro das alterações era mais uma teimosia do que algo que agregasse valor. Não pelo fato de não existirem mudanças no projeto, mas pelo simples fato de os gestores operacionais não assumirem a responsabilidade e o compromisso gerados por um documento que formalizava a solicitação de alteração. Quanto às reuniões, eram um fracasso. Mesmo com a tentativa de conduzir momentos eficazes, sempre acabávamos discutindo questões operacionais, focando nas picuinhas e desmerecendo a estratégia e a gestão do projeto.

Devido a esses motivos, havia uma dificuldade imensurável de inserir as equipes nos eventos de planejamento. Ficava tão evidente o desinteresse que, às vezes, eu visualizava na testa de dois gestores uma placa luminosa com letras destacadas: NÃO ESTOU NEM AÍ.

Realmente, tratava-se de um ambiente extremamente embrionário em gestão de projetos, com uma enorme adesão ao "sair fazendo sem planejar", proposta típica de empresas de manufatura com processos contínuos. Os projetos eram tratados como um produto em série, que poderia ser consertado ou refeito.

Eram dias longos e desafiadores, principalmente pelo fato de os projetos estarem inseridos em uma empresa que rodava em três turnos. A vontade de "chutar o balde" era diária. Mas eu tinha um suspiro de bons ventos oriundos de uma equipe de apoio que atendia à produção: "a equipe de manutenção"!

Foi incrível! Em menos de três meses, esse grupo entendeu o conceito e falava de gerenciamento de projetos com propriedade para planejar as atividades, identificar o caminho crítico e riscos. Dava gosto participar de uma reunião de revisão dos projetos com aquele grupo.

Certo dia, um membro da equipe de manutenção entrou na minha sala bufando e iniciou sua fala com as seguintes frases:

— Leandro! Olha o que estão fazendo no projeto da linha de pintura! Essa atividade não está no cronograma nem é caminho crítico. Se a gente mantiver essa ação, nosso indicador de planejamento vai ficar negativo.

Foi fantástico! Meus olhos arregalaram e minha única reação foi levantar da cadeira e dar-lhe um aperto de mão forte e sincero. Logo os ânimos amenizaram e continuamos a discussão com foco na solução. Saímos da sala e fui pessoalmente realizar uma intervenção, para prestigiar a atitude e o comprometimento daquele colaborador.

Quando retornei, sentei e tentei entender por que os mecânicos eram tão aderentes ao planejamento estruturado. Após alguns minutos de reflexão, a resposta ficou muito evidente. Mecânicos se envolvem diariamente na realização de atividades não repetitivas, são planejadores por necessidade. Gestores de produção, por sua vez, são aderentes a rotinas estruturadas, são executores por imposição.

Com esse raciocínio e visão clara do ambiente onde meus projetos estavam inseridos, tive que me readaptar a tais linhas de pensamento. De imediato, compus a equipe de planejamento dos projetos com os membros da equipe de manutenção e dois gestores da produção. Com essa equipe mesclada, analisávamos os impactos dos projetos nos processos produtivos e definíamos em consenso o que era melhor para a empresa. Iniciamos um plano de reuniões recorrentes, nas quais analisávamos as necessidades para a execução do projeto e acordávamos as atividades que os gestores de produção deveriam realizar para receber os projetos.

Inicialmente, essa estrutura foi questionada pelos gerentes de área e até pelo diretor da empresa. Porém, quando as coisas começaram a andar de forma correta, não tive mais questionamentos. Um dos mecânicos foi promovido a gerente de projetos, e esse modelo de equipe passou a ser um padrão em projetos semelhantes.

Quanto aos mecânicos, eventualmente telefono para eles e falamos amenidades. Porém, invariavelmente, terminamos a conversa com boas risadas e a frase:

— Lembra daquela vez dos projetos?

Fatores ambientais

Thiago Regal

Quando dou aulas de gerenciamento de projetos, um dos fatores mais subestimados pelos alunos é o que chamamos de "fatores ambientais da organização". O significado, segundo o *PMBOK® Guide*, é "condições fora do controle da equipe do projeto que influenciam, restringem ou direcionam o projeto". E eles são entradas na maior parte dos processos. O motivo é muito simples. Ainda que possam ter naturezas muito diversas, os fatores ambientais compreendem o conjunto de condições, explícitas ou implícitas, existentes em uma organização e fora dela (nesse caso, afetando-a internamente), que afetam positiva ou negativamente um projeto. Exemplos ajudam a entender. O "jeito" da organização, isto é, a cultura organizacional, o grau de formalidade, o apetite aos riscos, os recursos disponíveis, as ferramentas e a infraestrutura são alguns dos itens aos quais nos referimos como fatores ambientais. Trocando em miúdos, é o "jeitão" da organização, aquilo que ela é, possui e como se comporta. Não é preciso muito esforço para entender o quanto isso muda a forma como projetos devem ser gerenciados. Aliás, é por esse motivo que é tão desafiador definir metodologias e práticas de gerenciamento de projetos. Uma receita difícil de ser replicada, já que, assim como pessoas, cada empresa é uma empresa.

Qualquer iniciativa ligada ao gerenciamento de projetos precisa começar com a leitura e o entendimento do ambiente. E aqui é que os desafios começam. "Ler um ambiente" vai muito além de preencher um *checklist* ou fazer perguntas diretas. Há uma enormidade de regras implícitas e códigos de comportamento que nunca serão formalizados e cujo entendimento depende basicamente do conhecimento e da percepção sobre o ambiente. Essa é uma das partes mais subjetivas do gerenciamento de projetos. Aliás, é uma das partes mais críticas do gerenciamento de projetos. É quando as coisas não são exatas, há áreas cinzas e difíceis de definir.

Sem querer desestimular ninguém, é impossível conhecer profundamente todos os fatores ambientais de uma organização de forma instantânea. É por esse motivo que um bom gerente de projetos também sabe que participar do cafezinho, bater papo com os colegas, escutar histórias e fazer aliados é elemento fundamental para o sucesso em um projeto.

O planejamento estratégico

Thiago Regal

Certa ocasião fui contratado para prestar um serviço de consultoria a uma empresa que vinha investindo fortemente em um processo de profissionalização da gestão e cuja direção tinha um grande senso da importância desse movimento para garantir o crescimento de toda a organização.

Uma das primeiras ações feitas, ainda antes da minha contratação, foi a formalização do planejamento estratégico. Aliás, um sábio início, já que o planejamento estratégico deveria ser a base para as importantes decisões a serem tomadas nesse processo de melhoria da gestão. E assim foi feito. Um consultor foi contratado a peso de ouro. Uma sensibilização foi feita envolvendo toda a empresa. Os gestores e o pessoal-chave participaram de diversas sessões. Após semanas de trabalho árduo, o planejamento estratégico nasceu! Foi feita uma reunião de entrega de um relatório final contendo missão, visão, valores, objetivos estratégicos e demais elementos do planejamento estratégico. Tudo com muita pompa e circunstância. Passado esse "movimento", as pessoas continuaram o seu trabalho, orgulhosas por fazerem parte de uma empresa com "planejamento".

Em seguida, um novo consultor foi contratado, já que a empresa trabalhava com muitos projetos, e a intenção era melhorar os resultados até então atingidos. Tive a honra de ser o escolhido. Como uma das primeiras ações de diagnóstico, em especial visando a melhoria dos resultados, pedi para conhecer o planejamento estratégico. Afinal de contas, projetos são um meio pelo qual a estratégia de uma organização vira realidade. Qual é a estratégia? Essa é uma pergunta fundamental para garantir que os projetos gerem resultados que sejam relevantes. Perguntei para a primeira pessoa, um diretor, onde estava o planejamento estratégico (àquela altura eu já sabia do relatório entregue com toda a pompa). O diretor olhou para mim com uma cara de dúvida e confessou: não sabia onde estava o tal documento. Resolvi perguntar para um segundo diretor, que me pareceu mais atento a esse tipo de questão. Novamente, uma cara de dúvida. Procurei outros dois gestores. A mesma dúvida! A essa altura, quem estava confuso era eu. O que havia ocorrido com o tal de planejamento estratégico no qual todos haviam trabalhado com afinco? Resolvi que ia acabar logo com o mistério. Fui até a sala do dono da empresa.

Chegando lá, e após a recomendação da secretária para que eu fosse rápido e direto ao assunto, já que o meu interlocutor estava muito ocupado cuidando de muitos "assuntos sérios e importantes", eu, obviamente, tratei de ir direto ao assunto e, sem muitas delongas, expliquei a minha busca pelo tal planejamento estratégico, ensaiando um discurso para justificar a sua importância para o trabalho pelo qual eu havia sido contratado. Foi quando eu fui subitamente interrompido.

— Não precisa mais buscar, eu resolvo o seu problema – disse o dono da empresa.

— Ah é? – Respondi.

— Sim, o planejamento estratégico está aqui – respondeu-me, apontando para uma gaveta com fechadura.

Como eu fiquei em silêncio, processando o que aquilo significava, ele continuou.

— O planejamento estratégico da nossa empresa está aqui, em cópia física e digital, na minha gaveta chaveada. Não posso permitir que ninguém tenha acesso a ele, apenas eu. Afinal de contas, é estratégico...

Após alguns instantes, apenas o suficiente para eu entender completamente o que ele queria dizer, tomei coragem e respondi:

— Interessante. O único problema é que, escondido, o planejamento estratégico tem um trágico destino: nunca virar realidade!

É importante termos em mente que a estratégia da organização deve ser conhecida e assimilada por todos aqueles responsáveis por fazê-la acontecer. Foi-se o tempo em que a estratégia era para os "chefes", e os demais deviam apenas executar uma atividade de forma automática. A estratégia tem a função de esclarecer o propósito para o qual uma organização existe e com o qual todos os projetos deveriam ter uma conexão. Afinal de contas, projetos existem para fazer uma estratégia virar realidade. E todos, desde o gerente do projeto até os membros da equipe e demais partes interessadas, devem ter clareza acerca de quais objetivos estratégicos um projeto busca atender. Só assim a estratégia vira realidade.

Negócios, estratégia e longevidade

Rogério Dorneles Severo

Quanto mais eu trabalho com diferentes empresas no Brasil, vejo o quanto ainda estamos longe de termos aqui empresários que efetivamente entendam o que querem com seu negócio. Apesar da paixão com que trabalham, não buscam conhecimento para manter o foco de que suas empresas precisam para crescer ou sobreviver.

A maioria dessas empresas não tem na sua estrutura organizacional ninguém que olhe para a frente, que pense sobre estratégia e passos futuros. Muitos ficam só olhando para o *post mortem* da contabilidade, os valores a pagar e o saldo da conta bancária após o mês acabar.

É interessante ver empresas que não hesitam em atrasar os impostos em detrimento dos compromissos com folha de pagamento, mas que não fazem nenhum trabalho para reduzir desperdícios e custos no curto, no médio e no longo prazo e para medir a sua performance.

Não sabem quem são os colaboradores produtivos e os que não são e muitas vezes ainda premiam aqueles que fazem tudo "no grito".

Eu mesmo demorei bastante para ter esse tipo de visão.

Como não se tem essa clareza, a não ser algumas metas ligadas ao "faturamento", vejo empresas crescerem, mas reduzirem margens de resultado ou lucro e, no horizonte de um a dois anos, demitir sem nenhum planejamento – ou pior: fazer empréstimos para pagar contas porque cresceram desordenadamente e não conhecem o fluxo de caixa para sua operação.

Quando falo que falta estratégia, falo de empresas que não têm tempo de fazer um planejamento para o ano inteiro, que não têm tempo de olhar para seus números com "olhos de lince", que não avaliam se o excessivo gasto de energia, por exemplo, pode ser reduzido ou mitigado pelo uso de lâmpadas de LED ou mesmo incorporando um sistema de painéis solares com células fotovoltaicas. Fazer projetos de redução de desperdícios em empresas é tão importante quanto sua operação no dia a dia. Se o empresário não tem esse tempo e não transfere essa responsabilidade para ninguém, não irá gerar resultados e não reduzirá custos.

E como não se tem tempo para pensar em estratégia, menos tempo se tem ainda para fazer análise, para avaliar programas de crescimento ou mesmo para definir programas de retração. Há casos em que reduzir o tamanho vai gerar a salvação ou a sobrevivência de uma empresa.

Mas como saber disso, se a empresa não tem um plano? Sem um planejamento estratégico, os diretores não sabem nada das suas empresas e também do mercado a que atendem.

Acabam por viver as coisas dia a dia, até que não há mais dinheiro nem crédito e a empresa fecha.

Com um planejamento estratégico, as decisões são tomadas com agilidade e com base em fatos e dados.

O caminho é mais claro, e mesmo os momentos ruins são vistos de forma antecipada.

Lembre-se: maturidade não é algo que dependa da idade. Depende de conhecimento, persistência, resiliência, resistência e performance! E isso garante que sua empresa irá mais longe, sobrevivendo no mundo dos negócios.

Pense nisso e trate de agir. Ache tempo para planejar sua empresa ou o preço a se pagar vai ser alto demais.

O peso da nota fiscal sobre
a mesa e a "leveza"
dos gastos recorrentes

Cintia Schoeninger

Enquanto todos estão assustados com a crise, a nossa empresa investe em novos produtos e abre novas frentes. Somos uma exceção em meio à crise.

Os resultados, contudo, não se mostram tão bons como imaginávamos: pode ser a crise. Olhando mais de perto, percebem-se "torneiras abertas" nos processos internos que não são controladas, pingando muito dinheiro todo dia. Torneiras são a ineficiência de alguns setores que, por falta de um acompanhamento mais sistêmico e de um profissional específico e capacitado, têm muito retrabalho e desperdícios, embora, aos olhos de todos, essa ineficiência já esteja incorporada ao custo do setor. "É assim mesmo, é normal esta ineficiência, faz parte do processo".

Às vezes compramos mal, mas o fato de comprar mal é justificado porque precisamos aprender mais sobre essa aquisição ou segmento em que estamos ingressando; portanto, é aceitável essa compra malsucedida. É cultural justificar nossa falta de planejamento no fato de estarmos entrando em um novo segmento, isso nos permite errar e gastar. As "torneiras" pingando diariamente são permitidas, mas a contratação de um especialista para executar uma atividade específica é um custo alto que não podemos ter agora. Afinal, estamos em momento de crise e temos que segurar os gastos. Sim, mas as "torneiras" pingando não são gastos? Não... não, a "torneira" pingando diariamente não aparece em forma de nota fiscal na mesa das contas a pagar, isso fica escondido nos arcabouços dos setores, camuflado de forma nebulosa, e ninguém, absolutamente ninguém, vê esse custo.

Ah... mas o custo de um profissional representa uma nota fiscal pesada sobre a mesa do contas a pagar. Tudo bem que esse profissional fará uma entrega mais rápida, com redução de riscos para o processo, visto que sua experiência encurta caminhos. Mas, ainda assim, tem a nota fiscal. É certo que o profissional trará para a equipe interna da empresa envolvida no trabalho e atenta às orientações dadas um conhecimento que levaria anos para essa equipe construir, e com muitos erros no caminho, mas, ainda assim, temos a nota fiscal desse profissional sobre a mesa. É certo que esse profissional poderá deixar novos contatos ou indicações para o futuro, mas ainda assim é uma nota fiscal a ser paga. Contudo, durante todo esse tempo, as "torneiras" continuaram pingando... e gastando silenciosamente.

Temos que pensar que não somos bons em tudo. Devemos nos apropriar e fazer com eficácia aquilo que temos expertise para fazer. Nas áreas que não dominamos, devemos buscar, sim, profissionais com conhecimento e experiência, capazes de acelerar nossas entregas de forma eficiente. Um bom profissional pode custar mais do que você imagina, mas um profissional sem experiência e com limitações... ah... esse com certeza custa caro, pois levará mais tempo para cumprir a tarefa e terá que aprender a fazê-la durante o trabalho, sem identificar previamente os riscos que poderão surgir à frente. Entregas fracas geram mais "torneiras" que vão pingar eternamente sem que a nota fiscal apareça, mas a empresa paga o custo mensalmente durante anos ou pela vida toda. Então, será mesmo que uma nota fiscal sobre a mesa do contas a pagar é mais pesada do que a ineficiência de uma entrega? Mais pesada do que o desconhecimento sobre o risco futuro dessa entrega e do que as "torneiras" abertas despercebidas? Você pode escolher: pagar um bom profissional ou pagar mensalmente, em parcelas escondidas, a falta desse profissional.

O que as metodologias e a sopa de letrinhas fazem pela sua carreira

Rogério Dorneles Severo

Algo que um profissional precisa rapidamente entender é que não devemos nos preocupar com nosso desconhecimento em relação a algum assunto ou mesmo terminologia, principalmente os relacionados a sistemas de gestão ditos "modernos" ou de ponta.

Com certeza estar sabendo o que é "da hora" é muito bom, mas ao final temos que definir o que precisamos realmente para os trabalhos de que participamos. Para cada tipo de trabalho ou negócio, temos que adaptar a forma de execução e de gestão. Temos que fazer com que as metodologias conhecidas sejam adaptadas, sejam as tradicionais e preditivas, ágeis ou mesmo *lean*.

Assim, quando colegas de engenharia e arquitetura me escrevem sobre especialização, sempre aconselho que busquem se capacitar de forma organizada, pois os nossos cursos de graduação nos dão conhecimento técnico para cálculos, dimensionamentos e desenhos, mas em termos de gestão ainda precisamos aprender muito.

E qual o risco disso? O risco é ficarmos confusos com tantos cursos de MBA, de certificações e metodologias que existem por aí e sair tentando tudo, sem um plano mínimo.

Se você acha que sua faculdade não lhe ensinou tudo, não tem problema: trace um plano e busque referências a todo momento. Contate pessoas que você considera importantes (e não falo de famosos distantes, como o dono da Microsoft ou o inventor do Facebook, ou de qualquer outras dessas grandes empresas – profissionais reais, que estejam perto de você e do seu trabalho, ou para onde você quer estar daqui a alguns anos).

E não se acanhe. Vá lá e escreva para ele, peça uma agenda para um café, um almoço, peça conselhos. Assim que você encontrar um mentor, vai conseguir alinhar profissão com expectativa, com meta profissional, com futuro, e não vai precisar ficar correndo em desespero porque você ainda não fez um MBA, porque você não sabe inglês fluente, porque você não tem um monte de certificações (eu tenho duas e acho que está ótimo). Não viva o drama de ter que entender a toda hora a sopa de letrinhas de novas, e muitas vezes recauchutadas, metodologias de trabalho que fazem o velho parecer o novo, mas é somente o velho renomeado.

Enfim, você vai descobrir que conhecimento, persistência, resistência e resiliência geram resultados. E a sopa de letrinhas que colecionar no caminho até servirá para melhorar seu conhecimento, mas nada disso vai substituir o seu talento e a sua garra.

Metodologias apoiam o conhecimento, nos mostram o caminho dos projetos e de negócios, nos geram dados para tomarmos decisão, mas são as pessoas que fazem a coisa acontecer! Sempre!

Não deixe de pensar na sua carreira, busque se atualizar e melhorar sempre, mas não faça disso uma busca sem propósito, não deixe de se divertir e de achar algo que você realmente goste de fazer. O seu caminho será muito melhor de ser trilhado e você irá gerar muitos resultados.

E gerar resultados é a chave para abrir novas portas a todo o momento e ser convidado para estar em projetos e desafios cada vez maiores, complexos e de impacto na sua carreira e também no mundo.

Por que é tão difícil inovar

Cintia Schoeninger

Antes de mais nada, é preciso entender que inovação não é algo que poucos fazem. Inovação não é uma descoberta nova e inédita para a humanidade, mas é tudo o que é novo para você. Usar uma nova metodologia, mesmo que muitos já a estejam utilizando, é uma inovação para você, caso você não a utilize ainda. Inovar é fazer algo que é novo para aquela pessoa ou grupo de pessoas que nunca o havia feito.

Perante o entendimento de que inovação é conhecer e praticar coisas novas, quero refletir sobre a dificuldade que temos para inovar.

Geralmente, estamos empolgados para fazer coisas novas. Sempre começamos entusiasmados, com vontade de fazer. Contudo, com o passar de algumas horas, o quadro se modifica. Às vezes, basta uma noite de sono no mcio da empolgação e o retorno às atividades do dia a dia para que nosso desejo pela inovação comece a perder força. Por que perdemos o desejo de inovar?

Pode ser que um dos grandes motivos para essa perda de interesse esteja no fato de que o nosso dia a dia é mais confortável, e a inovação exige mais atenção, disciplina e estudo. Dominamos o nosso operacional diário com muito mais facilidade, sabemos como lidar com o dia a dia. Mas a inovação é desconhecida, tem mais incertezas e requer maior planejamento. Planejamento implica estudo, pesquisas e nos tira da zona de conforto. Inovar nos submete a um grande esforço físico e mental, pois estudo e planejamento são atividades exaustivas. Entre o conhecido e desconhecido, priorizamos sempre o conhecido, o confortável.

Inovar expõe nossas fraquezas e nos coloca em risco. Não se trata de algo fácil, pois requer posicionamento para enfrentar nosso medo de fracasso. Embora queiramos ser inovadores, o medo da crítica e do fracasso frequentemente nos trava.

Quando me perguntam se tenho medo de inovar, eu sempre respondo que sim, tenho medo. Mas o medo não me trava, ele me faz planejar mais, identificar riscos e formas de mitigá-los. Assim, imponho limites e posso controlar minimamente os meus riscos.

Eu acredito nos elos: estratégia, gestão de projetos e processos

Cintia Schoeninger

Vivemos em uma era em que tudo muda o tempo todo, em que muitas coisas acontecem ao mesmo tempo e devemos estar sempre nos reinventando. Mas o que não muda é que precisamos, sempre, independentemente da era em que vivemos, ser inovadores, ter controle das nossas rotinas.

Para que possamos construir inovações, precisamos primeiro entender o que desejamos ou almejamos, qual caminho queremos construir. Para isso, é importante fazer um planejamento estratégico buscando uma base forte de indicadores, como, por exemplo, informações do mercado, dos nossos competidores, novos entrantes, nossas próprias forças e fraquezas. Esses subsídios nos apoiam a pensar nas possibilidades que temos e nos desejos empresariais. Após desenhada a estratégia, ela não deve ser tratada como uma mera ação e/ou trabalho rotineiro, porque não o é. Pensamentos estratégicos são materializados em projetos. Projetos são, por natureza, incertos, inovadores, desafiadores e precisam ser tratados de forma sistêmica, gerando entregas que materializem os objetivos. Projetos são únicos, temporais, exclusivos e dão suporte às estratégias.

E eu acredito na boa estratégia materializada através da gestão de projeto. Dentro do projeto, criam-se novos produtos e/ou serviços. Além de entregar esses projetos, produtos e/ou serviços, é preciso entregar também os processos para manter e melhorar tais produtos e/ou serviços criados. Estratégia define caminhos, projetos materializam os caminhos e processos mantêm e melhoram a rotina, retroalimentando, posteriormente, a avaliação estratégica e, assim, voltando a fechar o elo.

Trazendo consigo os indicadores dos produtos e serviços medidos por eles, os processos são parte das rotinas e controlam retrabalho, rejeitos e desperdícios. Gerir por meio de processos é de fato administrar, buscando indicadores e clareza no seu ramo de atividade, no seu mercado de atuação, no seu nível de competitividade e no seu desempenho. Existem diversos processos organizacionais, como, por exemplo, processos de compras, vendas, estocagem, entre outros, e todos eles possuem indicadores que apoiam a tomada de decisão.

Quando percorremos os elos entre estratégia, projetos e processos, temos uma visão clara de diversos indicadores que nos orientam de maneira robusta e com menor incerteza sobre quando devemos avançar e quando devemos cancelar ou rever projetos. Dessa forma, temos visão de produtos, serviços e até mesmo de clientes que devemos cancelar ou descontinuar. Os resultados dessas três ferramentas encadeadas e se retroalimentando permitem passos sólidos para a boa tomada de decisão, permitindo uma vantagem competitiva e a antecipação de problemas.

SOBRE TECNOLOGIA DA INFORMAÇÃO

TI-Lândia (I)

Rogério Dorneles Severo

Após conviver muitos anos na área de obras, licitações e orçamentos e ser chamado para interagir em implantações de ERPs em empresas de engenharia por nossa expertise, acabamos por interagir e conhecer muitas pessoas, profissionais e fazer amigos da área de Tecnologia de Informação (TI). Dessa convivência, há aproximadamente dois anos criei o termo "Ti-Lândia[2]" para explicar alguns fenômenos que testemunhamos. E leia bem: não é Tailândia, é TI-Lândia!!! Se você quiser pensar em inglês, pode escrever *IT-Land*!

E o que é a TI-Lândia?

Você até já deve imaginar. É aquele lugar mágico em que profissionais, engenheiros ou não, técnicos ou não, especialistas ou não, programadores ou não, imaginam estar, onde prazos não importam, onde custo é detalhe, onde o valor das coisas pode ser pensado em um segundo momento, onde as metas podem esperar, onde as pessoas aprendem de forma automática e usam softwares sem muito treinamento, onde as pessoas ainda acham (muitas vezes) que um software é suficiente para resolver todos os problemas de uma empresa, esquecendo de grandes calcanhares de Aquiles que são conhecidos em nosso mercado de engenharia, e onde tudo vai dar certo no final – se não deu certo é porque o final ainda não chegou.

O que você acha? Estamos corretos? Geograficamente falando, a TI-Lândia deve ser um lugar entre a Terra e a Nuvem, um lugar semivirtual onde tudo se

---

[2] "TI-Lândia" ou "IT Land" são marcas registradas e de domínio de Rogério Dorneles Severo e Leandro Vignochi. Os termos foram criados entre abril e maio de 2014 em uma capacitação *in company*. Não tem nenhum problema você passar a usar esse termo após ler essas crônicas, desde que identifique e nos dê o crédito.

resolve de forma fácil e rápida. Na TI-Lândia pode ser que projetos ou obras não precisem nunca acabar.

No nosso mercado de engenharia, gestão de pessoas, problemas de compatibilização de documentos e desenhos técnicos, problemas entre disciplinas (como arquitetura, estrutura, elétrica, hidráulica, montagem mecânica) ou mesmo das condicionantes e exigências tributárias, são questões diárias e por vezes se tornam intransponíveis.

Assim, tem sido bem engraçado ver profissionais de TI, ou de Engenharia e Administração, tentando definir critérios e conceitos em obras e indústrias com propostas ditas "ágeis" para o nosso dia a dia. Fazem isso sem entender bem os resultados finais que precisamos gerar, a quantidade de insumos envolvidos em obras, sem conhecer o longo ciclo de vida de um empreendimento ou obra, sem conhecer a dificuldade da gestão de pessoas na parte produtiva ou as dificuldades em contratação e baixo treinamento dos profissionais (pedreiros, carpinteiros, montadores e outros), sem conhecer exigências trabalhistas (como limite de horas extras por dia trabalhado) e, obviamente, sem conhecer as questões mais técnicas relativas a esse mercado. Ou seja, dificilmente a engenharia será um mundo sem muito formalismo, rito ou desenhos oficialmente aprovados nos próximos anos.

É impossível pensar uma fábrica ou obra com mil funcionários trabalhando sem *lean manufacturing*, sem cartão de ponto, sem chefia, sem insumos, sem estoques, sem refeitório, com todos conectados a tablets e smartphones. Tablets ainda não fundem lajes, não levantam paredes, não montam janelas e portas. Há cálculos e dimensionamentos que determinam como, com que tipo de material e com qual qualidade deve ser executada uma obra ou mesmo um produto em uma fábrica.

Ah, e nem falei de atendermos a exigências legais de prefeituras, de empresas de energia, de água/esgoto, de vigilância sanitária, de exigências ambientais ou de segurança do trabalho. Temos também que lembrar a esses profissionais que existem os tais *claims*, aditivos e até greves. Mas quem vive na TI-Lândia não se preocupa muito com isso, pois não conhece a maioria dessas exigências.

No passado, eu até me detinha em tentar mostrar esse ambiente para que um colega conseguisse ver a necessidade de ter alguém planejando continuamente e monitorando o negócio de engenharia ao se propor um sistema de software novo. Ou a necessidade de tratarmos também como um projeto (com início, meio e fim) uma implantação de software ERP, definindo inclusive metas e medindo indicadores. Por que não me detenho mais? Porque se você quer fazer algo com muito impacto no seu negócio trate isso como um projeto, sempre. Simples assim.

Hoje muitos empresários, gestores e chefes também estão se mudando para a TI-Lândia, pois esquecem do negócio – e quando falo em negócio digo que esquecem que precisamos:

- **Desenvolver maturidade de gestão:** por que temos um negócio? Qual o organograma? Quem demite quem na empresa? Como se gerencia esse "trem" se não existe "o trilho"?
- **Fazer planejamento estratégico:** o que quero com essa empresa? Aonde vamos chegar? Qual a meta do ano? Como vamos controlar essas metas?
- **Fazer gestão de portfólio:** como eu controlo o negócio? Como eu tomo alguma medida se algo der errado? Como sei que estou fazendo o projeto certo?
- **Manter orçamento atualizado de cada projeto:** quanto eu vou gastar em cada parte da obra/fábrica? Qual o limite de estouro de custos que tenho previsto? Quando vou parar um projeto por não atender aos requisitos?

Mais recentemente, os smartphones levaram mais profissionais, empresários e gestores para viver na TI-Lândia, com a falsa sensação de acompanharem tudo em "tempo real", alguns até com câmeras, como num grande *big brother*. Esses profissionais com smartphones acabam seguindo o dia a dia sem método ou prática, olhando mais para a tela do seu "mundinho" do que para o olho do seu colaborador ao dar uma ordem, teclando na tela do smartphone em vez de fazer um pedido diretamente, preferindo digitar e ficar mandando mensagens ou e-mails, como se seu colaborador fosse uma máquina e respondesse imediatamente a cada e-mail que chega.

Se não existe método ou prática, não vai ser vivendo na TI-Lândia que você vai resolver isso. Não vai ser o envio de um monte de e-mail dando ordens que vai fazer o trabalho de seus colaboradores ser feito, ou que vai gerar as devidas entregas da sua obra e negócio. Logo...

Imagine um pedreiro fazendo uma parede no sexto andar de uma obra nova, misturando a massa de assentamento de cimento, areia e água enquanto dois ajudantes estão transportando a última carga de tijolos para o local e trazendo os andaimes para serem usados quando a parede ficar maior que 1,80m.

Imagine esse mesmo pedreiro tentando ler as ordens ou perguntas do seu engenheiro ou supervisor, o mestre de obras, em uma tela de smartphone porque os bipes não param no seu bolso. Ou então imagine esse mesmo pedreiro tentando pedir algo teclando no smartphone, para seus ajudantes trazerem uma garrafa de água, já que estão lá no térreo carregando os tijolos no elevador de cargas?

Tenha certeza de que só não seria engraçado porque, ao final, seria um desperdício gigantesco de energia e de horas trabalhadas. E horas perdidas em uma obra, ou em qualquer atividade que façamos, não voltam nunca mais.

Então foque no básico, na maturidade de gestão, para ir em frente e não se perder nessa "terra do nunca".

Se você não souber como fazer isso, procure alguém que saiba! Inteligente é o empresário ou gerente que sabe montar seu time com profissionais que são especialistas e que geram os resultados esperados.

Aí, sim, você estará sendo "ágil" – na Terra, que é onde as coisas realmente acontecem.

TI-Lândia (II)

Cintia Schoeninger

Em um lugar muito, muito distante, chamado TI-Lândia, os habitantes vivem sufocados por tarefas e projetos de tecnologia. Na TI-Lândia, criam-se e gerenciam-se todas as ferramentas de suporte à informação operacional e estratégica de uma organização. Seus moradores, cientes disso, sentem-se fortalecidos com o "poder" da informação. Eles têm características bem distintas: gostam de inovações, gostam de tecnologia e têm muita dificuldade na gestão de negócios. A visão técnica e as características e habilidades nas quais são formados os tornam mais afeitos à operacionalização do que à gestão de fato. A TI é um arcabouço de solicitações mal geridas, de usuários insatisfeitos, de demora, lentidão e entregas de má qualidade que precisam ser retrabalhadas. Outra característica que tais "guerreiros" da TI-Lândia têm em comum é que, segundo eles, a culpa é sempre do fornecedor, do sistema, da manutenção predial e até mesmo do usuário que não explicou direito o que queria – "e nós da TI, como especialistas que deveríamos ser, também não dispomos de tempo e vontade para desenvolver uma metodologia de coleta dos requisitos dessas solicitações de usuários".

Ah... a TI-Lândia!!! "Quanto trabalho! Como temos atividades para fazer! Nunca acaba! E ainda temos que aguentar as piadas dos demais setores, porque não entregamos ou entregamos mal os resultados. Além de tudo, quando aparece qualquer necessidade de redução de custo, somos os primeiros a ter nossos projetos cancelados e/ou reduzidos (afinal, não conseguimos justificar nossos projetos). Todos são contra a TI-Lândia, mas no fundo não vivem sem ela".

É preciso que as faculdades e os cursos de tecnologia também insiram em seus currículos conteúdos de gestão de negócio. Caso contrário, esse técnico poderá tornar-se um gestor sem o menor preparo. Aos técnicos gestores que já estão no mercado, é imprescindível buscar apoio para entender como ter a gestão do negócio, alinhando a TI às estratégias de negócio da empresa e buscando boas práticas do mercado para o atendimento dos seus serviços, como, por exemplo, o uso do ITIL®.

Os gestores da TI-Lândia devem se capacitar para ter clareza de todos os serviços controlados pela área de TI e com acordos de níveis de atendimento para os serviços. É preciso conhecer e ter contratos firmados com os terceiros sobre os serviços prestados, assim como avaliações constantes desses terceiros e da qualidade da sua prestação de serviço. É preciso ter um plano de contingência para os serviços críticos acordado com seus "clientes/usuários". O plano de contingência passa por avaliações contínuas de gestão de riscos, pois a TI, atualmente, é estratégica para os negócios e não apenas operacional. O monitoramento e o controle de riscos dentro da TI devem ser fortes, continuados e sistêmicos.

Toda vez que uma nova solicitação de sistema é feita, o gestor da TI deve ter o entendimento básico de gestão de projetos para ter clara a justificativa do projeto (inclusão de novas tecnologias de hardware e/ou software na sua estrutura), objetivos mensuráveis, realistas, assim como os requisitos da própria TI para absorver essa nova tecnologia no seu portfólio. Para cada processo, insira indicadores e tenha-os sempre expostos e claros para a sua equipe e demais diretores da empresa.

Preste atenção: não estou dizendo que o gestor da TI-Lândia precisa ser um "Super Homem" com todas as competências, mas precisa se cercar de profissionais que o apoiem na implementação dessas boas práticas, permitindo que a TI desmistifique o título de setor problemático dentro das empresas. A TI só existe porque a empresa e/ou o negócio existem. Temos que entregar nossos projetos com mais qualidade para os nossos colegas e clientes internos. É hora de buscar capacitações e mudar nosso comportamento.

SOBRE VOLUNTARIADO

Comprometimento x voluntariado

Cintia Schoeninger

Sou voluntária há alguns anos do PMI-RS. Quando entrei para a equipe de voluntários, comecei realizando atividades pequenas e de baixo valor agregado. Fui me engajando e conhecendo pessoas e novos processos. Ganhei muito aprendizado e, por isso, sou grata pela construção profissional e pessoal que o PMI-RS me proporcionou.

Ser voluntária é me dedicar a um trabalho e/ou atividade. É ocupar um tempo da minha vida para me envolver com uma instituição e causa em que realmente acredito. É ter interesse em colaborar, escutar e melhorar ainda mais o ambiente em que se está inserido. No PMI-RS, assim como em qualquer organização constituída de voluntários, não devemos colocar nossos interesses pessoais à frente dos interesses da organização. É preciso entender que, muitas vezes, mesmo cansado, é preciso se doar para entregar uma atividade já assumida. Você não pode simplesmente abandonar a sua entrega por ter tido situações adversas. Atividade assumida é atividade que deve ser entregue pelo voluntário.

Não busque participar apenas de atividades que o exponham, como eventos. Você não é um voluntário para aparecer apenas em fotografias. Você deve ser também um voluntário nos bastidores da organização; você é voluntário para trabalhar no crescimento e na disseminação da sua instituição. E isso muitas vezes envolve tarefas silenciosas, mas que trazem imensa satisfação quando você consegue colocá-las em execução, dentro de um time de trabalho. Além disso, essas tarefas o levarão a interagir com outros grupos de voluntários, o que, sem dúvida, lhe trará grandes amigos, como os meus parceiros deste livro: André Voltolini, Leandro Vignochi, Rogério Severo, Thiago Regal – aqui citados em ordem alfabética.... além desses, há outros tantos que não vou mencionar por falta de espaço. É uma grande satisfação poder estar com eles e compartilhar suas experiências e conhecimentos.

Ser voluntário é ter compromisso com a organização e com as pessoas dessa organização. Ser voluntário é uma dedicação de tempo, esforços, conhecimentos e habilidade em prol de algo (no meu caso, as boas práticas de gestão de projetos). Com certeza, trata-se de um grande ato com valor social, pois, ao prestar um serviço voluntário, você ajuda outras pessoas, no caso do PMI, a conhecer as boas práticas de gestão de projetos e, no mínimo, contribui para a reflexão dessas pessoas sobre o tema.

É importante ficar claro que ser voluntário não significa que você não tenha responsabilidades e compromissos. Se afirmamos que ser voluntário tem valor social, devemos ter clareza de que não posso ser voluntária quando quero ou quando disponho de um tempo ocioso.

Você gostaria que as suas solicitações e necessidades fossem deixadas em segundo plano? Você gostaria que os outros o atendessem quando tivessem um tempo ou quando dispostos? Então, ser um voluntariado é ter o comprometimento, mesmo sem tempo ou cansado. É comprometer-se com uma carga de trabalho que não é condicional à sua vontade e disponibilidade de tempo e desejo, mas que deve ser atendida quando a organização ou o interesse social necessita. Todas as instituições que possuem trabalho baseado em voluntariado possuem seu código de ética, o qual descreve as responsabilidades e autonomias dos seus voluntários, deixando claro que interesses pessoais não podem vir acima dos interesses da instituição que ele representa como voluntário. Continuo parte da equipe de voluntariado do PMI-RS, comprometida com as minhas responsabilidades e, em consequência, tendo o carinho recíproco da instituição que tanto valorizo. Obrigada, PMI-RS, por me apresentar a tantas pessoas talentosas e inspiradoras que aprimoram meus conhecimentos e técnicas em gestão de projetos.

O poder do voluntariado

Por Thiago Regal

Quando comecei a perceber que os projetos dos quais eu participava tinham algum "problema", pouco antes de me tornar gerente de projetos, perguntei-me se seria possível que apenas eu tivesse aqueles problemas ou se outras pessoas poderiam passar por situações semelhantes. Achei que a segunda alternativa era mais plausível. Comecei a pesquisar e descobri que sim, muita gente tinha os mesmos problemas. Aliás, pareceu-me que eu estava entrando em um mundo todo novo, esse de projetos.

Obviamente, logo deparei com o PMI (*Project Management Institute*). Percebi que existiam muitos falando sobre projetos, mas com uma certa convergência para esse tal PMI. Logo fui descobrindo que parecia ser uma instituição grande. Aliás, enorme, com milhares de filiados e voluntários (que coisa estranha!). Como pode uma instituição dessas trabalhar com voluntários? Aliás, como pode não ter fins lucrativos? Fiquei com aquelas dúvidas, mas, como cada vez eu estava mais convencido de que queria atuar gerenciando projetos, tive um argumento forte para me aproximar. Se eu quero ser bom nessa área, devo estar onde estão os melhores, correto? E me pareceu que os melhores estavam próximos ao PMI.

Filiei-me ao instituto e logo veio o convite de uma pessoa próxima, e que era voluntário, para também eu me tornar voluntário. Era uma atividade interessante: ajudar a Diretoria de Educação do capítulo local a desenvolver os seus projetos. Como eu queria muito aprender, achei que estar nessa diretoria poderia ajudar. Dessa atividade, passei a ajudar na organização de um congresso. E na diretoria de finanças. E em outros projetos. E por aí foi. Em resumo, nunca mais deixei de ser voluntário. Por um simples motivo: nenhum voluntário recebe pagamento "nenhum". O retorno em termos de experiências, contatos, pessoas, conhecimentos e amigos é enorme. A minha carreira simplesmente não estaria no patamar que está hoje se eu não tivesse sido voluntário do PMI. É isso mesmo: ser voluntário ajuda a alavancar a carreira. Hoje, ao final do meu mandato como presidente do meu capítulo, tenho uma certeza: vou continuar sendo voluntário do PMI. Afinal, "coisas boas acontecem quando você se envolve com o PMI".

SOBRE LIÇÕES APRENDIDAS

Lições aprendidas dos projetos

Cintia Schoeninger

As experiências passadas nos dão uma bagagem muito importante para enfrentarmos situações futuras. E as lições aprendidas dos projetos são exatamente isso, experiências passadas e avaliadas que criam oportunidade para os novos projetos ganharem escalabilidade e agilidade.

Lições aprendidas registram vivências de outros projetos, as quais dizem respeito a processos, práticas, decisões, formas de premiação, *checklist* de verificação e monitoramento de tarefas. Enfim, lições aprendidas são aplicadas a toda e qualquer situação que tenha chamado a atenção da equipe do projeto, revelando o que foi feito corretamente e deve ser replicado nos outros projetos; o que foi feito de errado e deve ser melhorado no próximo projeto; ou o que faríamos diferente, caso tivéssemos a oportunidade de refazer. Portanto, é importante destacar que as lições aprendidas têm o viés positivo, de reforçar o que foi feito acertadamente; e o negativo, de ajustar e propor melhorias ao que fizemos de inadequado ou que podemos melhorar ainda mais.

Para captar e criar o banco de lições aprendidas, não é necessário aguardar o final do projeto. É importante que, a cada fase do projeto, a equipe avalie o que foi realizado adequadamente, o que precisa fazer diferente ou o que foi realizado incorretamente. Às vezes, uma lição aprendida de uma fase ajuda na experiência da próxima fase, dentro do mesmo projeto.

Com um banco de lições aprendidas, as equipes de projeto compartilham conhecimento, permitindo maior agilidade aos novos projetos, pois se obtêm experiências de ações de sucesso dentro de processos, práticas, *checklists*, entre outros, as quais, além de permitirem aumentar a escala de projetos gerenciados em paralelo, diminuem o desgaste da equipe, devido ao conhecimento adquirido. A prática de lições aprendidas é aplicável em qualquer tipo de empresa, seja ela altamente projetizada, vivendo de projetos, seja ela mais funcional, com alguns projetos específicos em andamento.

As lições aprendidas auxiliam na abertura dos projetos e no seu monitoramento e controle, pois tornam as atividades mais ágeis. Sabe-se que muitas situações ocorrem repetidamente nos projetos, como, por exemplo, conflito de interesses, conflito de requisitos, riscos. Sem as lições aprendidas, muitas vezes repetimos os mesmos erros em projetos diferentes, adicionando atrasos, conflitos e custos aos projetos. Por exemplo, sei que temos um problema forte de atravessamento das hierarquias, impactando a comunicação do projeto. Isso vai se repetir caso o projeto não desenvolva, com o plano de comunicação, um fluxo adequado para reduzir tais interferências. E novamente a situação se repetirá em outros projetos. As lições aprendidas devem tratar a situação e avaliar se o tratamento foi ou não eficaz, deixando esse legado aos demais projetos no seu banco de dados.

O tempo investido com a equipe para fazer o evento de lições aprendidas é infinitamente menor que o tempo perdido com erros replicados nos projetos. O esforço para fazer a reunião de lições aprendidas é muito pequeno, mas o ganho e o impacto de executar esse evento tendo em vista os demais projetos são exponenciais.

Equilíbrio x alta performance

Por Rogério Dorneles Severo

No dia a dia, muitos profissionais de alta performance não pensam no que fazer além do seu trabalho. Pode até funcionar bem se você é solteiro, mas não se você precisa equilibrar a vida profissional com a familiar. Buscar equilíbrio no campo pessoal e familiar é algo que também devemos buscar, para que, ao se desligar por algum tempo, o ócio criativo limpe sua cabeça, esvazie sua mente e traga novas perspectivas. Pensar na vida e dispensar algum tempo para ela também tem que entrar em seus planos, independentemente do projeto ou negócio que você gerencie. Muitos profissionais investem de dez a 12 horas por dia no seu trabalho e passam a ficar tão envolvidos com suas responsabilidades profissionais que nem ao chegarem em casa conseguem parar de trabalhar.

Óbvio que os projetos e as carreiras são importantes, mas esse tempo dispensado com a sua família acabará também apoiando sua capacidade gerencial porque administrar o tempo, fazer escolhas, ajudar seus filhos a crescer e se desenvolver são necessidades da vida.

Algo que também deve-se aprender (e rápido) é o valor da conexão com seus amigos. Não só de seus novos amigos de trabalho, de profissão ou de carreira, mas de seus amigos de toda a vida. Essa diversidade acabará sendo positiva, irá trazer contrapontos, discussões, brincadeiras, piadas, lembranças e a possibilidade de falar também de dificuldades e frustrações de forma verdadeira, de trazer novas opiniões e outras perspectivas para seu dia a dia.

Por isso, pense sempre em buscar equilíbrio, ainda que em alguns momentos você precise estar totalmente dedicado a alguns resultados que sua atividade profissional exige. Não abandone o convívio com sua família e seus amigos. Mantendo essas conexões, a sua capacidade de continuar sendo um profissional de alta performance será ampliada substancialmente.

SOBRE COMUNICAÇÃO

O *feedback*

André Vicente Voltolini

Atuando há vários anos como gestor de equipes e "team builder", posso afirmar que o *feedback* é uma das ferramentas mais ricas da Administração. A falta de *feedback* desmotiva e desmobiliza um time, enfraquecendo-o até a sua extinção. Todos nós carecemos de *feedback*, trabalhamos muito no dia a dia, nos dedicamos, mas "o que será que o meu chefe pensa do meu trabalho?". Pois é, infelizmente, ainda na maioria das empresas não existe um processo formal de avaliação de desempenho e *feedback*.

O começo é difícil, pois não estamos preparados para receber um *feedback* negativo do nosso trabalho ou da nossa postura. Também é difícil dar um *feedback*, pois "será que aquela pessoa está preparada para ouvir isso?" ou "como será que ela vai reagir?". O processo de *feedback* exige preparação, desprendimento e libertação de preconceitos e "escudos". O mais importante de tudo é deixar claro para todos os envolvidos que o processo de *feedback* tem apenas um objetivo: enaltecer as fortalezas da pessoa, para que ela continue trabalhando bem nas suas competências e atitudes fortes, e possa ter um posicionamento claro dos seus pontos a serem melhorados. Dessa forma, o profissional terá a oportunidade de se desenvolver muito mais rápido e com uma forte motivação.

Para dar o *feedback* deve-se procurar estar em um ambiente isolado, agradável, que não sofra interrupções. Tenha muito cuidado com o tom de voz, para que este seja sonoro e agradável, independentemente se o *feedback* for de um aspecto positivo ou de algo a ser melhorado. *Feedback* sempre deve ser dado com base em fatos ocorridos, para esclarecer e poder materializar bem a situação, e nunca com base em suposições ou situações imaginárias.

Trabalho há mais de dez anos como voluntário em uma entidade que promove boas práticas de gestão. Em um dado momento estive prestes a perder um excelente voluntário, que possuía um grande conhecimento e um alto nível de entregas e resultados, mas, por outro lado, com grandes problemas de relacionamento – se o assunto era do seu pleno domínio, ele geralmente não aceitava opiniões divergentes. Um dia decidi marcar um almoço com ele. Eu me preparei bem para esse momento. Após almoçarmos e conversarmos sobre diversos assuntos, inclusive de trabalhos voluntários e projetos que estávamos trabalhando juntos, disse: "agora preciso te dar um *feedback* sobre o teu trabalho...". Iniciei fazendo uma contextualização para ele, enaltecendo quão importante era o trabalho dele para o nosso instituto. Reforcei também toda a sua capacidade em atividades e resultados que ele estava entregando. No final, falei: "e, como oportunidades de melhoria...". Nesse momento citei todos os pontos que ele tinha que trabalhar, trazendo, em cada um, exemplos práticos do dia a dia que o envolviam, de forma calma e suave, e encerrei dizendo que contava muito com ele para novos projetos. Para a minha surpresa naquele momento, ele me disse:

— Puxa! Muito obrigado por essa conversa! Nunca ninguém tinha me dito algo nesse sentido. Muito obrigado mesmo. Essa oportunidade que me destes de ver todas essas coisas é que vai me motivar cada vez mais a ser um voluntário.

Por isso o meu conselho: nunca esqueça da importância de dar sempre *feedbacks* para seus subordinados, e da mesma forma pedir na sequência para que eles também deem um *feedback* sobre você, como, por exemplo, "e agora me fale sobre o que eu poderia fazer diferente ou melhor para facilitar o seu trabalho, ou fazer com que você tenha um desempenho melhor".

O poder da boa comunicação

Cintia Schoeninger

Em minhas experiências com gestão, vivenciei vários projetos de desenvolvimento de software, implantação de software, transferência de fábrica, desenvolvimento de uma indústria, projetos comerciais e desenvolvimento de produtos, entre vários outros. Hoje posso afirmar que meus maiores e piores problemas nunca foram técnicos. Problemas técnicos são aqueles que se relacionam à parte jurídica ou falta de tecnologia, definições de regulamentação e assim por diante. Existiram vários problemas técnicos nos projetos, mas estes, com certeza, não foram os mais graves e conflitantes que tive de tratar.

Os problemas de gestão me deram trabalho. Inicialmente eu os negligenciava e não tinha uma forma prática e clara de tratá-los. Era tudo muito empírico. Quando comecei a perceber que tais problemas representavam meus maiores esforços e cuidados dentro dos projetos, comecei a buscar formas de lidar com eles.

Comecei a perceber que a gestão da comunicação e a gestão comportamental eram pilares importantes a serem trabalhados. Quem realiza projetos são pessoas. Pessoas têm necessidades e sentimentos. E necessidades e sentimentos afetam a performance dessas pessoas. Por esse motivo, é importante que as pessoas se conheçam e conheçam suas emoções. Como eu estou me sentindo agora? Será que vou explodir se alguém falar comigo de maneira mais ríspida hoje? Será que eu não reagiria diferente se essa mesma pessoa me falasse a mesma coisa amanhã? Pois é, somos assim, pois nosso cérebro é 95% reação e apenas 5% planejamento – Mirieli Colombo me ensinou isso em uma das suas várias palestras a que assisti (e que recomendo a todos). Logo, se a pessoa não tem autoconhecimento para entender que está vivendo um dia difícil, e não tem autocontrole ou maturidade suficientes para expor esse seu sentimento à equipe de trabalho, poderá enfrentar um conflito desnecessário ao empregar os 95% do cérebro que são puramente reativos.

É preciso identificar as necessidades de cada pessoa, verificar a sua importância para o projeto e o seu interesse neste. Com esses critérios identificados, buscamos construir formas mais adequadas de comunicação com as pessoas que são peças-chave do projeto. Invista tempo em conhecer essas peças-chave (pessoas críticas do seu projeto), faça com que elas confiem em você e no seu trabalho. São maneiras importantes de minimizar conflitos e engajar sua equipe de projeto.

Simplicidade

Leandro Vignochi

David Ulrich e Norm Smallwood, autores do livro "Sustentabilidade da Liderança", apresentam a simplicidade como um dos sete pilares da liderança. Particularmente, considero esse pilar a essência de um líder eficaz. Entendo que as lideranças dos projetos, exercidas pelos gerentes de projetos ou coordenadores intermediários, devem buscar incansavelmente a simplicidade.

Dentre os diversos comportamentos necessários para simplificar o gerenciamento de qualquer projeto está a transmissão do propósito do questionador. Ou seja, aquele que quer a informação deve ser prático e objetivo quando perguntar, levando em conta que uma questão só é simples se for formulada sem devaneios ou divagações.

Uma situação interessante da qual participei indiretamente tratava de um projeto que, para a equipe, contava com total ausência de simplicidade por parte do gerente. O caso que presenciei tratava especificamente de realizar uma pergunta sobre a análise do indicador de prazo de um projeto para o responsável que validava as entregas e atualizava o cronograma.

O gerente começou solicitando que o responsável pela resposta monitorasse o tempo da pergunta. Ou seja, o argumentador terceirizou a responsabilidade de ser proprietário do próprio tempo, com a seguinte frase:

— Controla aí, porque eu não posso demorar muito.

Pensei: que coisa maluca! De imediato, percebi a ausência de foco. Pense comigo: que lógica existe em solicitar ao rapaz que responderia às questões para que controlasse o tempo de quem pergunta? Quem responde a um questionamento não tem o menor interesse no período investido na pergunta. Talvez até estivesse mais interessado no tempo limite para a sua resposta, já que sua atribuição era responder e informar.

Após ouvir o relato sobre o projeto, o gerente do projeto quantificou suas dúvidas na seguinte frase:

— Tenho algumas dúvidas.

De imediato, percebi que aquela sequência de raciocínio impactava terrivelmente o desempenho do projeto. Afinal, o que são "algumas dúvidas"? Duas, três, cinquenta, cem? A simplicidade da argumentação do projeto estava sendo desgastada por uma abordagem que esqueceu dois princípios básicos de qualquer questão: foco e métrica. O correto seria simplesmente quantificar as dúvidas, de forma simples e objetiva.

Estava evidente a falta de clareza. Algumas vezes, profissionais envolvidos em projetos esquecem que a essência da simplicidade está em quantificar o investimento necessário para atingir a qualidade da sua meta, mesmo que seja uma simples pergunta. Para menos, você estará sendo inconclusivo; para mais, o excesso fará com que perca a clareza; em ambos os casos, você perderá a excelência da simplicidade.

Mas nem tudo estava perdido! O que me alegrou foi a resposta do envolvido, que se posicionou perante a pergunta trazendo à tona uma forma simples de compreensão. Ele respondeu com uma frase que utilizo até hoje...

— Vou repetir as suas questões para estar certo de que compreendi.

Após repetir, encerrou essa etapa com outra pergunta:

— É isso mesmo?

Veja que esse posicionamento claro e objetivo resgatou um elemento conceituado e simples na gestão da comunicação – foi direto e proativo, valorizando o entendimento, através da certeza de que compreendeu o que lhe foi solicitado. Depois de um período acompanhando outras reuniões, percebi que essas práticas eram um padrão da equipe de planejamento do projeto e concluí que era a simplicidade eficaz da equipe que sustentava o bom andamento do projeto.

Dando notícias tristes

André Vicente Voltolini

Atuando há anos na gestão de projetos de entregas de serviços, uma das dificuldades que enfrento é a falta de preparo e a procrastinação de gerentes de projetos em dar más notícias.

Sabemos o quão desagradável é quando enfrentamos situações inesperadas em projetos, questões que não estavam previstas no plano de riscos do projeto e que vão impactar no seu planejamento, seja em custos, qualidade ou tempo. Infelizmente, na maioria das vezes, os gerentes desses projetos acabam procrastinando para dar a notícia ao patrocinador e ao alto escalão executivo do contratante do projeto. Isso é um problema que fatalmente vai gerar um impacto significativo no resultado do projeto.

Por experiência própria, tenho certeza de que notícias ruins precisam ser dadas o quanto antes, por mais difícil que seja. Um problema levantado no seu estágio inicial possibilita situações de contorno que podem minimizar os impactos que venham a ocorrer em decorrência disso. É claro que precisamos nos preparar, pois não é uma atividade prazerosa.

Inicialmente, devemos levantar todos os fatos envolvidos e tentar entender as causas que levaram à ocorrência do problema, e por qual razão ele não foi previsto no plano de riscos do projeto. Imediatamente devemos avaliar alternativas para contornar o problema, montando, quando possível, um plano de mudanças com atualização físico-financeira do cronograma do projeto calcada na análise de impactos. De posse disso, o gerente de projetos deve preparar-se e levar todo esse material para apresentá-lo ao *sponsor* do projeto. Deve ser analisado o problema em si, evitando a exposição do(s) possível(is) causador(es). Uma vez apresentado o problema e definido o replanejamento do projeto, este deve ser comunicado para todas as partes envolvidas. No momento oportuno, o gerente do projeto deve se reunir, sempre que possível de forma individual, com os diretamente envolvidos. Fazer uma análise crítica do que ocorreu e expor como situações semelhantes podem ser evitadas, sempre de forma incentivadora e positiva para não baixar a motivação e a moral dessas partes interessadas.

Questões e situações não planejadas, escondidas debaixo do tapete, certamente vão causar problemas muito maiores no decorrer do projeto, pois muitas das entregas planejadas não ocorrerão, gerando impactos nocivos ao projeto, como impactos financeiros, impactos de imagem e credibilidade, desgastes com as partes envolvidas e, em situações extremas, o cancelamento do projeto. Assim, além das competências técnicas de gestão de projetos, o gerente precisa trabalhar constantemente o desenvolvimento das suas habilidades de gestão, incluindo resiliência e como manter o autocontrole e a mente serena e pronta para agir em momentos críticos, de pressão e de desgaste que inevitavelmente ocorrem no dia a dia dos projetos.

Trabalhe o psicossocial, mantendo sempre a calma e a serenidade, não deixando que seus projetos acabem com a sua saúde.

Aprendemos muito mais com os erros do que com os acertos, e por isso devemos sempre registrá-los nas sessões de lições aprendidas, de forma que isso possa ser facilmente resgatado e consultado, servindo de base para outros projetos.

Eficácia na comunicação

André Vicente Voltolini

Sabemos que grande parte dos problemas em projetos, e mesmo nas operações do dia a dia, ocorrem por falhas de comunicação. Ou a comunicação não ocorre ou ela é feita e não compreendida corretamente, gerando muitos problemas, às vezes incontornáveis.

Ao longo dos anos, participei de alguns treinamentos sobre gestão de projetos, gestão do tempo e gestão em geral, e aprendi que as pessoas possuem diferentes perfis. Para cada um desses perfis existe uma forma diferente de comunicação, segundo Carl Jung.

O interlocutor **pragmático** é aquele voltado para a ação. Geralmente planeja pouco – e, quando planeja, fica ansioso para começar a executar logo. Valoriza a ação, os resultados, as atitudes práticas e as decisões rápidas. É orientado para tarefas, vai direto ao assunto, é decidido e gosta de soluções práticas. É orientado para o aqui e agora. Utiliza tentativa e erro para solucionar problemas. Gosta de desafios e é impaciente com os outros. Com esse tipo de perfil devemos nos comunicar de forma a indicar os resultados em primeiro lugar, enfatizar a praticabilidade, utilizar modelos visuais e ser breve e objetivo. Devemos evitar: falar muito sobre conceitos, entrar em muitos detalhes, fazer rodeios ou oferecer várias alternativas para consideração.

O interlocutor **reflexivo** é aquele que valoriza as ideias, a criatividade, a originalidade e os conceitos. Gosta de entender as possibilidades e examina várias opções. Para ele, desafios e metas devem ter um sentido. Prefere cenários globais e despreza detalhes, podendo ficar absorto em pensamentos. Com esse tipo de perfil devemos nos comunicar fazendo uma síntese global, discutindo uma "ideia", mostrando implicações de longo prazo e enfatizando pontos inovadores. Nesses casos é fundamental dispormos de tempo. Devemos evitar: entrar em detalhes, ser muito pessoal, insistir em uma estrutura formal de apresentação. Não podemos depreciar as ideias dele ou nos apressar para concluir.

O interlocutor **afetivo** é aquele que valoriza as pessoas e os relacionamentos, gosta de lidar com os outros e com o trabalho em equipe, quer ser gostado e adora se relacionar. Procura ser visto como afetuoso e amigável, interessa-se principalmente por pessoas, é persuasivo e intuitivo, é informal, emotivo e geralmente pouco atento a detalhes não pessoais. Com esse tipo de perfil devemos nos comunicar utilizando o aspecto humano, personalizando a conversa. Devemos mencionar que outros gostam da ideia e estar próximo dele fisicamente. É importante também iniciar sempre a abordagem com um "quebra-gelo", considerando, se for o caso, abordagens relativas ao passado. De forma alguma defenda mudanças radicais nem seja frio e impessoal.

O interlocutor **racional** é aquele interessado em fatos e cifras, focando em quanto irá economizar, dados, prazos, etc. É precavido, conservador e prudente. Exige detalhes, fatos e organização. É metódico, sistemático e valoriza a lógica e a ordem. É orientado para processos e procedimentos. Com esse tipo de perfil devemos nos comunicar de forma organizada e formal, fornecendo detalhes, sendo específico, oferecendo alternativas e seguindo uma sequência lógica. Devemos evitar: ser generalista, utilizar argumentos emocionais, fazer associações vagas, desviar do assunto ou perder a sequência cronológica.

Tenho procurado seguir essas dicas nas interações que tenho com as pessoas no dia a dia e tenho conseguido ótimos resultados. Com um pouco de treino, aos poucos você vai conseguir identificar o perfil do seu interlocutor e se comunicar de maneira mais eficaz.

Falando em público

André Vicente Voltolini

Um dos principais temores das pessoas em geral é se expor falando em público. Uma palestra para um público formado principalmente por pessoas desconhecidas tira o sono e apavora mesmo os mais experientes profissionais.

Desde o início da minha carreira, sempre fui uma pessoa tímida e introvertida. No começo, como programador de sistemas, não tinha a necessidade direta de interagir com pessoas, o que contribuiu para que eu me mantivesse dessa forma. Aos poucos, com a ascensão profissional através de novos cargos, a necessidade de falar em público foi aumentando cada vez mais, gerando um imenso pavor. Falta de ar, pressão no peito, suor frio e vontade de sair correndo eram algumas das sensações experimentadas.

Na primeira vez que fui convidado a fazer parte de um grupo de debatedores para falar sobre Tecnologia de Informação e projetos de software foi terrível. Subi no palco, me sentei à mesa com mais dois debatedores e as perguntas foram acontecendo. Quando chegava o meu momento de falar eu tremia (e o pior era que eu tinha que segurar o microfone), acabava me encolhendo, apoiando o microfone na mesa para disfarçar o tremor, e gaguejava. Tive por mais de uma vez vontade de me levantar daquela mesa e ir embora imediatamente para parar de sofrer. Aquela quantidade de pessoas no auditório (em torno de duzentas) me olhando dava uma sensação terrível. Meu Deus, que situação! Por que eu aceitei isso?

Essa experiência me causou um impacto muito grande e decidi nunca mais passar por isso. Como eu não poderia deixar de falar em público por exigência da minha carreira, comecei a me preparar.

A preparação iniciou através da leitura. Comecei a estudar e ler livros sobre como falar em público, e durante essa etapa conheci e participei de um treinamento do Dale Carnegie. A partir dele tive uma evolução significativa. Resumidamente, vou explicar o que aprendi e como me preparo:

- Tenha o direito de falar. Isso significa que somente podemos falar de algo que conhecemos muito. Caso não dominemos o tema, devemos dedicar tempo a ele e estudar muito.
- Concatene suas ideias. Faça um plano e estruture as suas ideias sobre o tema que vai palestrar, iniciando com a agenda e os objetivos da apresentação. Na sequência, desenvolva uma breve introdução dos assuntos e decomponha o tema em três ou no máximo quatro subitens, detalhando cada um com as ideias a serem transmitidas. Siga com uma breve conclusão, bibliografia e uma mensagem impactante e positiva no final, colocando-se à disposição para perguntas. Gosto muito, quando possível, de encerrar a palestra com um vídeo relacionado ao tema proposto.
- A preparação é fundamental. Por isso, estude, treine e faça a apresentação previamente para um grupo menor de pessoas, controle o tempo e as percepções e colete *feedbacks* sobre o que pode ser melhorado.
- Informe-se previamente sobre o público que vai assistir a palestra e alinhe a apresentação de acordo com esse público (quantidade, escolaridade, idade, profissões, etc.). Não se preocupe com o tamanho do público. É a mesma coisa palestrar para cem ou mil pessoas. Durante a apresentação movimente-se com regularidade e gesticule, utilizando as mãos e outras partes do seu corpo para transmitir a mensagem. Quanto ao público, selecione quatro grupos de pessoas e alterne a sua visão entre elas durante a sua palestra: direita, esquerda, fundo e frente do auditório.
- Estude previamente o local onde será a palestra e a infraestrutura disponível. Chegue no local da apresentação com boa antecedência e familiarize-se com o ambiente.
- Por fim, caso necessário, tome alguma medicação ou fitoterapia para controle de adrenalina e ansiedade antes de entrar em cena.

Hoje ainda fico apreensivo ao palestrar, mas cada vez mais me sinto à vontade com isso. Sempre que surge uma oportunidade de falar em público eu me voluntario e assim vou treinando e me desenvolvendo cada vez mais.

Boas palestras a todos!

Produtividade em reuniões

André Vicente Voltolini

Gostaria de falar um pouco sobre reuniões. Essa atividade é uma constante em nosso dia a dia empresarial, e muitas vezes as reuniões acabam sendo um desperdício de tempo, gerando pouquíssimos resultados. Como devemos convocar, administrar e nos posicionar quando somos convocados para uma reunião?

Reuniões de trabalho são frequentes no nosso dia a dia e exigem de todos os participantes muita disciplina para que tenhamos o melhor resultado. Vou falar aqui de reuniões de trabalho. Não estou me referindo a *workshops* ou reuniões de planejamento estratégico, que acabam tendo um ciclo de vida maior e podem durar horas ou dias e para um melhor aproveitamento exigem uma imersão (e na minha opinião deveriam ser realizadas fora do ambiente de trabalho, em local agradável e preferencialmente onde não tenha sinal de celular e internet).

Pontos que devemos seguir ao **CONVOCAR** uma reunião:

- Qual o objetivo da reunião e os entregáveis que quero ter ao final.
- Qual o público que precisa estar presente e que realmente vai contribuir.

A convocação deverá sempre ser feita com um prazo razoável de antecedência, respeitando a disponibilidade dos convocados e dando tempo adequado para que eles consigam se preparar e estar no local em tempo hábil. É fundamental também enviar na convocação a pauta detalhada, com os objetivos e os resultados esperados ao final da reunião.

O local deve ser confortável e ter boa iluminação. Os participantes devem estar bem acomodados e ter toda a infraestrutura necessária para o desenvolvimento da reunião, como: projetor ou tela para projeções, quadro para anotações, papel, caneta, *post-its* em caso de *brainstorming* (reuniões de coletas de ideias). Café, água e algum tipo de lanche salgado e doce também são importantes, pois imprevistos acontecem e nem sempre as pessoas chegarão para a reunião alimentadas. Precisamos de um ambiente agradável onde todos se sintam bem.

Toda reunião deve ter um secretário que elabore uma ata, iniciando com a pauta, relação dos participantes, descrição dos assuntos discutidos e itens de ação a serem desenvolvidos pós-reunião, com o detalhamento claro das atividades, dos responsáveis e do prazo para o cumprimento. Essa ata deverá, ao final de reunião, ser impressa e assinada por todos os presentes, ou ser enviada através de mensagem eletrônica a todos, exigindo a confirmação de recebimento com o retorno de cada um com o seu "de acordo".

Cada reunião deve durar no máximo duas horas. A partir disso a produtividade cai e a reunião começa a ficar enfadonha e pouco produtiva. Caso o tema a ser abordado exija mais de duas horas, fragmente-o e convoque mais de uma reunião. Acredito que uma hora seja o tempo médio adequado para a duração de uma reunião.

O condutor deverá ter foco e administrar a reunião para que ela seja a mais produtiva possível, evitando fugas da pauta e fazendo com que, ao final, o objetivo planejado seja atingido.

Pontos que devem ser observado ao **SER CONVOCADO** para uma reunião:

- Ter claro qual é o objetivo da reunião.
- Preparar-se para a reunião, devendo levar documentação e material de apoio necessário.
- E o mais importante: saber claramente o que o convocador da reunião espera de você. Se isso não estiver claro, perguntar e esclarecer isso bem antes da reunião.

Recentemente, em uma visita a uma grande empresa multinacional na cidade de São Paulo, encontrei um quadro em uma sala de reunião com as seguintes frases, que achei excelente:

Essa reunião:
É realmente necessária?
Tem pauta e objetivos claros?
Tem somente os participantes necessários?
Iniciou pontualmente?
Tem duração adequada? (máximo 1 hora)?
Teve registro das decisões, próximas ações e responsáveis?
Teve seus objetivos atendidos?

Uma pesquisa recente com empresas norte-americanas revela que 50% das reuniões são consideradas improdutivas pelos participantes.

Observe esses pontos e tenha ótimas reuniões.

O Lado Comercial

O gestor comercial neófito

André Vicente Voltolini

Nos últimos cinco anos tenho atuado como gestor comercial, e muitas pessoas próximas que trabalham comigo, inclusive alguns sócios, duvidaram da minha capacidade para essa função, já que minha formação é essencialmente técnica. Mas tenho conseguido bons resultados.

Atuando sempre na área técnica em projetos de TI como analista de sistemas, consultor, gerente de projetos, gerente de serviços, diretor de serviços e diretor executivo, deparei no ano de 2010 com esse grande desafio profissional. Inicialmente, procurei estudar e conhecer um pouco a área de vendas e também fiz alguns treinamentos conceituais, na busca de embasamento para a nova atuação. Quanto mais eu estudava, mais preocupado eu ficava, pois não conseguia entender como teria sucesso na área de vendas, atuando em algo que eu não dominava. Em um projeto de implementação ou desenvolvimento de software, eu tinha um escopo claro do que deveria ser entregue, em que prazo e com quais recursos. Era algo que eu entendia e conseguia materializar. Mas e na área de vendas? Como conseguir fazer com que pessoas avessas a formalizações, indisciplinadas e que não estavam acostumadas a serem controladas de perto por um gestor pudessem ter um bom desempenho e atingir bons resultados em vendas?

Como sempre fui perfeccionista e detalhista, tive sérios problemas no início. Tinha muitas dificuldades em delegar, pois pensava que o trabalho a ser realizado nunca ficaria tão bom quanto eu esperava que ficasse. Assim, eu acabava concentrando muitas atividades e ficava extremamente sobrecarregado. Com o passar do tempo, resolvi fazer mais alguns cursos avançados e descobri que o processo de vendas é, sim, um processo sistêmico, que precisa de planejamento e muita preparação.

Resolvi me isolar por alguns dias e fiz um planejamento para sistematizar o processo de vendas da empresa. Consegui definir um processo regrado e com algumas formalizações (vendedores detestam isso) que, aos poucos, fomos colocando em prática. As pessoas começaram a entender que, sem preparação e sem planejamento, não temos nenhum controle sobre os resultados que precisamos alcançar. Gradativamente, conseguimos melhorar os resultados e nos últimos quatro anos ganhamos prêmios e fomos nacionalmente reconhecidos pelo ótimo desempenho em vendas.

Atualmente temos um time coeso, unido, com perfis diferentes, mas que se entende e se complementa. Tive que aprender a delegar e não sofrer mais com isso, dando as diretrizes e deixando que cada pessoa possa criar e usar a sua imaginação para trazer resultados que me surpreendam – e, felizmente, estou tendo grandes surpresas e resultados muito positivos. Conseguir o sucesso e o atingimento das metas trabalhando em grupo, com um time motivado, é muito mais intenso e enriquecedor do que atingir bons resultados sozinho. Poder ver as pessoas que trabalham comigo se desenvolverem e se tornarem melhores profissionais no dia a dia é muito gratificante.

Demita o seu cliente

Cintia Schoeninger

As empresas estão sempre em busca de novos e mais clientes. Mas muitas dessas empresas nunca pensaram em criar processos de avaliação dos seus clientes. Quanto tempo a sua equipe leva atendendo aos seus clientes? Pode ser que um cliente pequeno ou pouco representativo esteja consumindo a maior parte da energia da sua equipe. E, pior do que isso, a energia canalizada para um cliente pequeno e não representativo pode retirar dos demais clientes a eficácia do atendimento da sua equipe. Mas algo ainda pior acontece quando os demais clientes percebem a queda de rendimento no seu atendimento.

E, por favor, esqueça o "quanto mais cliente melhor". Isso não serve para todos. Cuidado com os clientes que minam a sua empresa com conflitos e levam a sua equipe ao estresse e à desmotivação. A rotatividade e a má performance da sua equipe são prejudiciais aos seus demais clientes.

Se eu pudesse dar um conselho, diria: defina um projeto para qualificar seus clientes. Que valor os seus clientes enxergam no seu produto ou serviço? Por que eles estão comprando de você? Segmente seus clientes em grupos, identifique o tempo de consumo desses clientes para com a sua equipe e qual o valor deixado por eles para a empresa. Avalie o quanto o seu cliente permite e ajuda o crescimento da sua equipe. Esse fator também pode ser crítico para o seu sucesso com os demais clientes.

Converse com os clientes que você identificou como de baixo valor agregado, discuta com eles novos processos e interfaces de relacionamento que se adequem à forma de trabalho, gerando menos desgastes entre as equipes e possibilitando saúde financeira para você e saúde para a sua equipe prestar um atendimento eficaz a todos os clientes da sua empresa.

Posso dar um segundo conselho? Não busque atender você mesmo a todos os clientes. Deixe a concorrência trabalhar também. É saudável e permite que você se concentre nas suas reais habilidades e interesses.

Conhecer e qualificar os seus clientes auxilia na sua prospecção, direcionando e trazendo mais clientes com o mesmo perfil e que facilmente se moldam aos seus processos e interfaces, tornando seu negócio sustentável. A sustentabilidade do negócio é fundamental. Mais importante que o volume de venda é a rentabilidade de cada venda – e que a alta performance, madura e eficaz, da sua equipe seja perceptível aos seus clientes. Então, talvez, esteja na hora de criar um projeto que defina formas de avaliar e qualificar seus clientes, que delimite processos e interfaces de atendimento e alimente o seu departamento comercial com informações importantes de segmentação de prospecção mais eficaz.

E quanto aos clientes que continuam insustentáveis para o seu negócio... quem sabe não seja hora de recomendá-los para o seu concorrente?

NOSSOS CONVIDADOS

Os elementos fundamentais da comunicação em projetos – use a favor e não contra

Mirieli Colombo

A comunicação tem como função principal promover a compreensão mútua. Mas para que isso se concretize é preciso que nos coloquemos sempre em posição de protagonistas. E o que isso significa? Significa que é necessário compreender que, se algo não saiu como deveria na busca do entendimento, você é um dos responsáveis. Portanto, assuma a sua parte e reflita sobre o que pode ser feito melhor e diferente, sem responsabilizar o outro pela falta de entendimento.

É importante analisar vários fatores:

1. **Escuta empática:** para que você pratique essa habilidade, você precisa seguir cinco passos: manter um interesse genuíno pelo que está sendo dito; estar 100% presente na interação, sem pensar em nada, apenas no que está sendo dito; acolher a ideia sem julgar, sendo imparcial; compreender verdadeiramente o que outro está dizendo; e, por fim, validar se você realmente entendeu o que a pessoa quis dizer.
2. **Ser claro na explicação:** ter começo, meio e fim, com objetividade, pensamento SMART. Quanto mais breve e eficiente você comunicar, mais escutado será.
3. **Adequar a linguagem ao público:** cuidado com termos técnicos. Alinhe sempre todos os conceitos, pois isso evita ruídos.
4. **Cuide da sua forma de falar:** tudo pode ser dito, mas é a forma como é dito que impacta negativamente no entendimento do outro. Lembre-se sempre do seu objetivo, o entendimento. Se você utilizar tom inadequado, as pessoas provavelmente fecharão o ouvido para você.
5. **Nunca tente adivinhar ou presumir o que o outro falou:** sempre certifique-se de que houve compreensão da mensagem.

6. **Cuide da sua comunicação não verbal:** suas expressões corporais denunciam tudo o que você está pensando. Portanto, não fique com caras e bocas, pois isso prejudica a busca para resolver o problema – e, pior, não resolve.

7. **Sempre avalie se os meios que você está utilizando para passar a mensagem são os melhores:** muitas vezes os veículos utilizados mais dificultam do que facilitam o entendimento.

8. **Utilize palavras e expressões que promovam a abertura do ouvido do receptor:** por exemplo, "posso incluir uma ideia?"; "juntos pensamos melhor"; "todas as ideias são bem-vindas"; "o projeto é nosso foco e objetivo"; "o mais importante é o ganha-ganha-ganha"; "vamos manter o foco"; "podemos conversar depois sobre isso?"; "nosso resultado é importante para todos"; "todos fazem parte das decisões"; "foco na solução".

Por outro lado, existem palavras e expressões que fecham o ouvido do receptor, como, por exemplo, "eu fiz"; "eu sei"; "vocês não entenderam"; "não dá"; "não posso"; "é difícil"; "não consigo"; "não entreguei porque aconteceu x, y, z"; "minha ideia é melhor"; "Você está louco?"; "mas de onde você tirou essa ideia?"; "isso é um absurdo!".

A comunicação é fundamentalmente efetiva quando temos em uma mesa pessoas que literalmente estão inclinadas a resolver, possuem um alto grau de maturidade para se responsabilizar pela parte pessoal que lhes compete na solução do problema e procuram influenciar toda conversa para uma decisão construtiva, proativa e focada em resultado.

Mirieli Colombo é Fonoaudióloga, especialista em voz e em dinâmica dos grupos pelo SBDG e Master em Programação Neurolinguística. Possui experiência em consultoria em empresas, com ênfase na formação de líderes na excelência da comunicação (dicção, oratória e postura) e trabalhos individualizados em consultório há 18 anos.

Gestão de riscos e o
poder das partes interessadas

Fábio Giordani

Nosso país abraçou a realização de grandes eventos nos últimos anos. Fomos escolhidos para sediar a Copa do Mundo 2014 e as Olimpíadas 2016.

Várias concessões, obras e iniciativas foram empreendidas para que o Brasil tivesse condições de realizá-los dentro do calendário estabelecido.

Em um dos projetos relacionados com esses eventos havia uma pressão muito grande de calendário, gerada por atrasos em uma das obras e a necessidade de montagem do datacenter que viabilizaria a disponibilização de todos os sistemas necessários para o uso dessa instalação. No entanto, o datacenter ficava dentro da obra, que estava em atraso.

É importante ressaltar que a instalação de componentes computacionais não pode ser feita em ambientes não refrigerados adequadamente, para não queimarem por superaquecimento. Tampouco os equipamentos podem ficar expostos à poeira, que danifica tanto as ventoinhas de refrigeração quanto os contatos internos dos componentes.

Mesmo com o risco de atraso mapeado e gerenciado, e também estando o cliente ciente da situação, a qual em cada reunião de acompanhamento trazíamos à tona e tentávamos de forma infrutífera estabelecer planos de contingência e ações de mitigação, os dias insistiam em passar de forma mais rápida que a evolução das atividades no cronograma da obra.

Vários planos de contingência propostos e negados...

— Podemos utilizar o datacenter do prédio atual?

— Não dá, pois há equipamentos de operação local que necessitam de conexão na rede e de servidores locais para processar as informações.

— E se colocarmos aqui apenas uma estrutura mínima e um canal de comunicação para acesso a servidores em outro local?

— Não podemos correr o risco de uma queda de *link* ou demora de resposta, pois impactará na velocidade da operação das atividades locais. E se gerarmos um gargalo aqui, o evento fica severamente impactado.

— E uma "sala-cofre" em contêiner, atendendo a todas as normas e disponibilizada ao lado do prédio?

— Sem chance! Estamos em um canteiro de obras e o custo de aluguel desse tipo de solução não é comportado no projeto. Não há tempo para licitar um aluguel como esse.

— E se..

— Não dá, pois...

— Talvez uma...

— Não é viável...

Restando uma semana para a data limite, o cliente nos informa: temos que instalar e colocar em funcionamento, mesmo com o prédio em obras. Isso foi determinado pelo governador do estado.

O que até então era risco deixou de ser. Virou fato!

Fizemos uma atualização da situação da obra e tínhamos apenas piso elevado e ar-condicionado instalados e os dutos de cabeamento prontos. Os equipamentos de operação que dependiam dos servidores e os equipamentos de armazenamento a serem disponibilizados estavam sendo instalados e estariam prontos para entrar em operação em cinco dias.

Tivemos que improvisar uma sala fechada com vários metros de lona preta, rolos de fita adesiva e pedaços de divisória como peso no chão. Tivemos que isolar o local com os dutos de ar-condicionado e os *racks* onde os equipamentos foram instalados criando paredes de lona preta para poder conter a poeira e manter uma temperatura aceitável para o funcionamento temporário dos equipamentos.

O difícil foi acertar as aberturas de saída de ar, que era jogado no bolsão de lona pelo ar-condicionado, para que as paredes de lona não se desprendessem e frequentemente reforçar as fitas durante os três dias que a construtora levou para terminar as paredes e instalar porta e face de vidro do datacenter.

Tínhamos um prazo impossível de ser modificado e várias equipes trabalhando em conjunto na viabilização da entrega dessa obra, que foi de suma importância para a realização de um grande evento.

Fatores externos ao projeto, mesmo que mapeados e gerenciados, podem impactar de forma significativa o projeto. Algumas vezes, o trabalho na busca de planos de contingência não gera alternativas, tampouco é possível estabelecer ações de mitigação em um cronograma que gerimos ou que é fruto de um contrato onde a gestão de mudanças é complexa.

O cenário pode ter sua complexidade aumentada quando partes interessadas envolvem a esfera política, ou mesmo toda a população de um país.

Por outro lado, soluções criativas podem viabilizar o contorno de situações complexas, mesmo que de forma temporária.

Fábio Giordani é gerente de projetos da DELL EMC Brasil, presidente do capítulo PMI-RS 2017-2018 e professor da PUC-RS, ESPM e Unilasalle.

Como lidar com partes interessadas de alto poder e influência

Carlos Augusto Freitas

Um dos maiores desafios (da atualidade) de um profissional de gerenciamento de projetos é lidar com partes interessadas de alto poder e influência, ou seja, executivos, patrocinadores, investidores, enfim, pessoas que têm expectativa e ansiedade por resultados.

Estabelecer uma linguagem de entendimento em comum transformando dados técnicos e informações estratégicas é uma atividade que não é nada simples. Isso faz com que, muitas vezes, um executivo perca a credibilidade no processo, gerando um impacto negativo para todo o contexto.

Antes de determinar qualquer tipo ou modelo de comunicação para os níveis hierárquicos superiores, identifique quais expectativas e o que um executivo (ou afins) precisa de informação para a tomada de decisão.

Lembro que, em um dos escritórios de projetos em que trabalhei, estávamos com muitos problemas no processo de iniciação de projetos, ou seja, projetos nasciam sem o menor controle ou critério. Em uma das reuniões com o CEO da empresa, fiz a proposta:

— Precisamos adotar a gestão de portfólio, para definirmos os métodos e critérios de seleção e priorização de projetos da empresa!

A resposta:

— Carlos, nós não temos maturidade para fazer isso agora!

E isso significou mais um ano com o problema crescendo, já que novos projetos sem controle continuavam a surgir. Quase 11 meses depois tive outra oportunidade de trazer o assunto junto ao CEO. Dessa vez fiz uma abordagem diferente.

Preparei uma apresentação de um *slide* com a famosa frase e uma foto do Peter Drucker: "se você não pode medir, não pode gerenciar".

— Precisamos definir como será o processo de aprovação de projetos.

E daí veio a resposta do CEO (o mesmo de 11 meses atrás):

— Carlos, exato! É disso que precisamos!

Dica: muitas vezes ficamos tão apegados em levar definições e conceitos de forma clara que não percebemos que talvez essa não seja a melhor abordagem. Como descobrir a melhor maneira? Identifique as expectativas de seus superiores. Reiterando: "o que é preciso de informação para tomar a decisão?"

A resposta é: são os dados do projeto, que devem "subir" em formato adequado para a tomada de decisão.

Carlos Augusto Freitas é presidente do capítulo do PMI do Rio de Janeiro, Diretor Executivo na CAFFM e especialista em gerenciamentos de projetos e PMO. É também palestrante, professor, pesquisador e escritor. Foi um dos primeiros brasileiros e latino-americanos a certificar-se como CAPM. Possui também a certificação PMP.

Este livro foi impresso nas oficinas gráficas da Editora Vozes Ltda.,
Rua Frei Luís, 100 – Petrópolis, RJ.